Perdiendo la cordura en mi planeta

Leinelmar Ruiz

"El escritor sabe para quien escribe, mientras el lector

lee a quien más extraña"

-Alberto Fuentes

Déjame contarte lo que siento, déjame contarte lo que soy...

Dicen que la vida es una, que vivimos a través de la fotografía, los olores nos transportan a momentos que nos marcaron la vida. Vivir dicen, yo de vivir no sé nada. Solo que el sol regresa cada mañana, que la luna no le abandona jamás, y pasa la noche añorando a que vuelva a amanecer para verle brillar. Algo que sé hacer, es recolectar momentos, aquellos que me han introducido a la vida, que me han hecho explotar en placer, los que nublaron la vista con tantas lagrimas, y los que me hicieron llorar de tanto reír. Le doy eternidad a los momentos, con la ayuda de las palabras. El amor mueve cada célula en mi cuerpo. Siempre dejando una gota de esencia con cada letra. Les abro la puerta a mi portal, espero disfruten de su viaje por mi planeta. De igual manera espero que cuando regresen a su propio planeta, se lleven un poco de mi locura y que eso les inspire a dar ese tan temido salto al vacío. Este libro es una autobiografía, un memorándum, una aventura y una declaratoria amorosa.

Lei.

Acá me encuentro, a mil años luz de ser perfecta. Si de imperfecciones hablamos, tengo un Oscar asegurado. Dicen que ante los ojos correcto, todo será perfecto. Al final terminan dejándome por todas esas cosas que siento me hacen brillar. No dije que los ojos correctos tenían que ser los de alguien más. Tampoco les niego que quiera que lo fuesen. Quisiera ser como la torre Eiffel en los ojos de los turistas que la visitan por vez primera. Magia, esa magia inalcanzable, pero si te esmeras y pones de tu parte, llegas al tope. Allá en la cima puedes ver a Paris en todo su esplendor, cada recoveco que a simple vista pasa por desapercibido. Soy magia para el que toma de su tiempo y se da a la tarea de recorrer mi ciudad. Soy intensa para el que evita los callejones, y prefiero tomarme como calle recta. Solía esconder mi esencia por miedo a que me fuesen a dejar nuevamente.

No me gusta sentir la ausencia de alguien que apenas acaba de llegar. Mucho menos tolero la ausencia de aquellas personas que llevan muchos atardeceres a mi lado. Puede que esté tan falta de amor que termine buscándolo en los lugares incorrectos, en esos que me rompen como vajilla de cerámica, para luego estar buscando la manera de pegarla. Saben que nunca va a pegar igual y que siempre va a faltar alguna parte o algún pedazo, no les importa. Creen que con ese gesto ya todo esta reparado, pero luego van y te rompen nuevamente. En ese juego ya he perdido muchos pedacitos que ya no logro recuperar. He querido cerrarme a nuevas personas, porque en vez de abrazarme, me agarran a medias. Mi alma grita a toda voz que se queden o que estén cuando lo necesito. No justifico mis acciones, sé que puedo ser una una bomba a punto de estallar. Cargo tanto dentro de mi, que es solo cuestión de tiempo el tener que soltar un poco para continuar mi caminar. Puede que no tenga suerte, también puede que no sepa escoger.

Me voy a inclinar mas por la segunda. Suelo buscar personas que me dejen amarles, pero que no me amen. Puede sea alguno de esos traumas de la niñez. No sé. Pero me auto-saboteo. Por mas que lo intente, no sé como huir de esa necesidad enfermiza de dar y no saber recibir. A lo mejor no quiero recibir, eso me hace sentir vulnerable. La vulnerabilidad ante mis ojos es sinónimo de debilidad. La experiencias de vida me han obligado a ser fuerte, a enfrentar todo con fortaleza. Para ser honesta lloro para poder liberar un poco las cargas que mencioné al principio. Pero también lloro por rabia, es mi mayor motivo. Ya ven porque nadie llega al tope de la torre Eiffel por mi?

Para mi Luna en la tierra.
Contigo todo, sin ti nada.
Siempre agarraditas de la mano.
Gracias por iluminarme el camino.

Hector Joel.
La musa que me eleva a la luna, pero
es la misma que me quema y no deja
de arder. Espero cuando me extrañes,
regreses aquí, donde se ha detenido el
tiempo y estaremos siempre. Te he
regalado eternidad, pero tu te has
quedado tatuado en mi piel.
1+1 siempre es 1.

Ojala.

La vida es tan efímera que en ocasiones olvidamos el porqué estamos aquí. Olvidamos quién tocó y marcó nuestras vidas, y es ahí cuando vamos perdiendo la cordura. Ojalá pudiera explicarles el porque de muchas cosas. Ojalá el amor durara mucho más que el desamor. Solo puedo decirles que aquí podrán ver cada pensamiento que pasa por mi cabeza, y cada pérdida que me doy en mi propio planeta.

prima parte.

quello che mi sono lasciato dietro

(lo que he dejado atrás)

Corremos de piel en piel

Por naturaleza lo aceptemos o no, estamos en una constante búsqueda de afecto y aceptación. En vez de buscar amor propio, tenemos la jodida costumbre de buscarlo primero en los demás. Esa puta necesidad de sentirse amado, deseado e incluso necesitado. Esto nos lleva por la vida tratando de conocer e la persona correcta, mientras un vacío va ocupando el alma y el corazón.

Aceptamos condiciones que desde el momento en que las escuchamos sabemos que no traerá felicidad, aún así las aceptamos por la ilusión y conexión que ya estableciste con esa persona. Te provoca que se te erice la piel, sientes corriente por todo el cuerpo, y ese deseo insaciable. Mientras tu cerebro te está diciendo que no, que no debes ser esa otra persona. Que no seas la mujer de la semana, la que no presenta a su familia y la que jamás llevará a cenar a un lugar público. Aún así le entregas tu corazón y mueres porque llegue el lunes para al menos recibir un mensaje de texto de su parte.

Te desilusionan una y otra vez, vuelves y caes como toda una pendeja. Con el tiempo duele tanto que decides dejarle atrás. Conoces a otra persona que te mueve el piso, pero vuelves a jugar el mismo papel, y una vez más no eres la protagonista de su vida. Es como si estuvieras destinada a ser la otra, y por más que te digas lo contrario, vuelves y caes en la rutina. Duele, duele más de lo que te haces creer. Te dices a ti misma que has perdido la fuerza, la esperanza y el corazón en el proceso. Que no tienes ni una gota de suerte en esto del amor. Que seguirás siendo la otra, porque es lo único que se te pone en camino. Caer por la persona indicada una y otra vez, sólo que en el momento incorrecto.

Amiga, estuve en tu posición más de una vez. Sé que sientes que jamás podrás amar con esa locura que te trae de cabeza. La realidad es que sí, somos seres creados para amar una y otra vez; para caer y levantarnos, y aprender del golpe. Para explorar, aventurar, dejar personas y cosas atrás de vez en cuando. La vida no es perfecta, pero a veces nos pone a la persona indicada de frente, y estamos tan empeñadas en una, que no podemos ver más allá.

No podemos ver que vivimos en un mundo lleno de tantas personas; que a lo mejor esa persona que necesitas, ni siquiera ha cruzado camino contigo. Aún así, no debemos querer menos de lo que merecemos. Sí, sé que a veces pensamos que merecemos lo poco que alguien te puede ofrecer, pero no. Merecemos un mundo de felicidad, ese amor lleno de locura, y ese deseo sin fin.

El destino también juega de vez en cuando

Bonito encontrar alguien que comparta tu universo y que pueda ayudarte a florecer. Que aunque estén a miles de kilómetros de distancia, sienta en su corazón cuando necesites escuchar algunas palabras de aliento. Cuando sientas que quieres ponerle un alto a tus sueños, este ahí para recordarte porque comenzaste esa aventura en primer lugar.

Triste cuando se nos va de las manos, pero más triste aún cuando se nos va del corazón. Por que nada es eterno, por mas que digamos que podemos esperar por alguien toda una vida, nuestro corazón se va poniendo pequeñito con su ausencia. Esa ausencia que se siente, que marca y que se lleva todo consigo.

El amor verdadero, o tu alma gemela, como le llaman en las historias de amor, sí existe. Pero tristemente no siempre están destinadas a unirse. En ocasiones el destino les juega alguna travesura y les pone otro camino en frente. Ahí es cuando entendemos que a veces es mejor soltar y que perdure como un bonito recuerdo, a aferrarnos y que nos duela toda una vida.

El tiempo lo cura todo, en eso mi abuela tenía muchísima razón. Pero las memorias no hay quien las borre, están ahí presentes a diario. Esta en nosotros escoger si las recordamos con amor, o con dolor. Nada es eterno, solo esos ratos que nos hacen florecer y nos llenan de felicidad; porque incluso la felicidad es fugaz.

Aprendamos a decir "hasta luego", "adiós", o simplemente aprendamos a soltar. La vida da mil vueltas, y si alguien está destinado a estar contigo, y si al destino no le da con jugar un rato con eso, eventualmente regresará a tu vida. Si no, aunque sientas que es tu alma gemela, a lo mejor el destino y la vida te están haciendo un favor y con el tiempo lo recordaras como una linda experiencia que te hizo feliz en su momento. Recuerda que las flores también se marchitan luego de florecer, pero todo eso es parte de su crecimiento.

Hoy es uno de esos días en los cuales me repito a mi misma "Dios, porque?". Aquí estoy rodeada de muchas personas, pero ninguna de ellas puede detenerse y mirarme a los ojos por un segundo. Todos ven mi físico, pero no se pregunta que hay dentro. Todos me ven cayendo a diario, pero nadie sabe las batallas a las que me enfrento.

Me digo, "fácil juzgar, difícil ponerse en sus zapatos". Pero somos nosotros mismos los que juzgamos a diario, sea inconsciente o no. Aquí estoy derrumbándome, pero mientras, juzgo a los demás para no afrontar mis propias debilidades; para que ese dolor que llevo escondido no logre escaparse. Juzgo porque en ocasiones no soy lo suficientemente fuerte para poder reconocer mis errores, ni para poder enfrentar mis demonios interiores.

Hay días en los que le digo a los demás, "mira el lado positivo de las cosas", mientras estoy ahogándome dentro de lo negativo sin tomarme un minuto para respirar. Sonrío para que nadie vea lo mucho que duele el llevar esta carga a diario. Una sonrisa engaña a cualquiera, de vez me evita la necesidad de explicar el porque cargo esta bolsa de dolor, o el porque no puedo soltarla.

¿Hipócrita, no? La realidad es que no, no lo es. Es el miedo a tener que explicar algo que siento y que no siempre puedo traducirlo a palabras. Es ese sentimiento de inseguridad, porque probablemente nadie entienda. Esa ansiedad de no saber como van a reaccionar, ni lo que vayan a pensar.

Hoy es uno de esos días en los que la soledad a extendido su visita, no necesariamente porque yo se lo he permitido, pero porque nadie logra entender, o simplemente no se dan la oportunidad de intentarlo.

A pesar de todo ese dolor, cada día el sol sale y nos da la oportunidad de comenzar de cero, aún cuando la carga parece enorme. He aprendido a convivir con la soledad y aunque hay días en los que me pregunto, "¿por qué a mi?" se que es parte del proceso, porque nada es fácil y creo que la tarea mas difícil es el poder entendernos y conocernos a nosotros mismos. El dolor es parte la estadía en el planeta tierra, porque mas que nos suela, es persistente. Y hoy le pido a la soledad que extienda su estadía, porque gracias a ella me hago cada día mas fuerte.

Hay palabras que te tocan el alma, y no necesariamente para abrazarla. Al igual que hay lugares al que regresamos una y otra vez, sin importar cuanto te duela. Creemos en algo que podemos ver, o sentir, y no tocar. Gritamos al viento con la esperanza de que esas palabras lleguen a los oídos correctos. Lloramos debajo de la ducha para que las lagrimas se pierdan entre las gotas de agua. Hacemos todo aquello que nos llena, así sea por diez minutos, o simplemente dejamos atrás todo aquello que nos puede llenar todo una vida, por miedo a perder, por miedo a sentir. Pasamos toda una vida contradiciéndonos.

Han pasado más de cinco lunas, y todavía pienso en todo aquello que he dejado atrás. Pienso en porque siempre le escribo al amor, cuando tengo tanto encerrado dentro de mi. Día a día entro a un campo de batalla, la guerra es interminable, siempre lucho entre lo que siento, lo que quiero y lo que debería hacer. Me obligo a tomar decisiones radicales, a las que no les regalo mucho tiempo y luego me digo "era lo mejor". ¿Era lo mejor para quién? Para todo el que me rodea, porque al final del día mi energía se va desgastando, y no en mi.

Camino bajo la sombra de la luna con la esperanza de que me llene de luz, y consigo traiga un poquito de valentía y de amor, de ese que te deja huellas después de marcharse. Le escribo al amor porque echó raíz en mi cerebro, perforó mi corazón, y me quitó la razón. Aún cuando he perdido la cordura, alimenta mi ser, y me mantiene de pies. Porque podemos llevar toda una vida contradiciéndonos, pero siempre regresamos al amor, es lo único que nos hace sentir humanos, y es la única guerra vencida, así sea pasajera.

Aquella noche en el bar

Una de esas noches en las que no se sabía lo que estaba bien, y lo que estaba mal. La temperatura estaba fría, pero el calor recorría por su cuerpo. Llevaba toda la noche mirando aquel extraño que estaba al otro lado de la barra. No le daban descanso a sus ojos, buscaban cualquier excusa para cruzar miradas. Ella con trago en mano y un poco pasada de copas decidió armarse de valor, y se acercó a él, susurrándole al oido "¿no pensabas acercarte?" a lo cual él respondió con una sonrisa de esas que te derriten el alma, "esperaba a que te acercaras". Ella estaba llena de miedo, su cabeza le decía que se fuera a su casa, pero su cuerpo le decía que siguiera aquel peligro que la miraba sin parpadear. Lo agarró de la mano y se dirigió a la primera puerta que encontró.

Ahí estaban dos almas con una conexión inevitable, y un magnetismo envidiable. Aseguró la puerta detrás de ellos y desesperadamente lo pegó contra la pared, tomándolo por su mejilla, mientras acercaba su cara a él, podía sentir el caliente de sus labios sobre los suyos. El intercambio de salivas parecía no terminar. Él comenzó a bajar sus manos, mientras su piel se erizaba. Ella reventó los botones de su camisa, mientras él la levantaba y la ponía sobre el lavamanos. No podía evitar besar cada parte de su cuerpo, cada vez ese magnetismo se intensificaba más. Él llevó sus dedos entre sus piernas, a ella se le escapaban varias palabras cortas de oxígeno. El tiempo parecía detenerse. Ignoraban los golpes del otro lado de la puerta. Ella se bajó, se arrodilló, bajó su pantalón, y lo llenaba de placer mientras lo miraba fijamente.

¿Habrán sido las copas de más o aquellas miradas que habían intercambiado minutos antes? La razón la desconocía, solo sabía que sus sentidos estaban exaltados. La sorprendió al levantarla del suelo, y ponerla de espalda a él. Se agarró fuertemente de su pelo, ese va y ven provocaban que aquellos quejidos de placer fuesen cada vez más fuertes. Las gotas de sudor corrían por sus cuerpos, él no podía detenerse, sentir el calor dentro de ella cada vez lo encendía más. Ella sentía que sus piernas temblaban de placer y ya estaban por ceder, pero justamente en ese momento comenzó a sentir esa explosión dentro de ella, sentía como toda esa energía corría por su cuerpo, no podía detenerla, sus ojos no podían enfocarse, el calor la hizo estallar y él no pudo evitar sonreír al verla.

Aquella noche esos dos extraños compartieron mucho más que una union física, sus almas se reencontraron en esta vida.

Ese mutuo amor por las películas logró que sus caminos se cruzaran. No importaba las veces que hubiesen coincidido, ninguna como aquella noche de verano que marcó sus vidas. Intercambios de palabras, sueños, miradas y roces de piel ocasionales que actuaron a favor de su reencuentro constante. Sus corazones se sincronizaron automáticamente.

Le pertenecía su alma, pero desconocía que sus labios los compartía con otra. Llegó a pasar por desapercibido que su tiempo era medido, para él siempre sería ese amor escondido en la parte más obscura de su ser, lo encerraba con cadenas y candados, le permitía ver luz de ratitos, pero no le permitía escapar. Quería tenerla siempre consigo, pero sin permitirle mucho poder sobre él.

Ella tenía 2011 razones para amarle, y 2019 para olvidarle, aún así prefiere recordarlo. Nueve vueltas por el sol, y todavía le quería con la misma pasión en que le comenzó a querer aquella noche. El amor que él le tenia a las palabras, y su jodida manera de utilizarlas para enamorarla la hacían envolverse cada vez más. En sus reencuentros ocasionales ella pensaba en las mil y una razones de consumirse en él, pero siempre escogía sentarse a su lado, y perderse en aquel planeta que habían creado unos años atrás. Siempre fue luz en su vida, inclusive cuando la obscuridad intentaba arroparla.

El único testigo de ese amor era la luna, así que siempre que ella le extrañaba le pedía a la luna que lo buscara y le susurrara su nombre al oido, para que él no fuese a olvidarla. Ella tenia miedo de que un nuevo sueño no lo pusiera a su lado. La realidad es que eran muy pocas las veces que él la acompañaba en sus sueños, pero sabía que a distancia estaría muy feliz por ella.

Cada cual llevaba su lucha, pero él seguía escogiendo todo menos a ella. Casi una década, y ella sigue sintiendo que nadie la conoce más que él. Han crecido, pero sus almas se quedaron atrapadas en el tiempo. Él es todo lo que ella siente y jamás dice.

Añadiste una galaxia a mi universo

En un mundo en el cual coincidimos con cientos de personas diariamente, le pedía al universo coincidir con alguien que añadiera planetas a mi galaxia. En un universo en el cual existen dos billones de galaxias, que ironía que fueras tú quien añadiría una galaxia completamente nueva, e inexplorada. Se que el propósito de tu llegada terminó dejando un resultado inesperado. ¿Quién soy yo para pedirle al corazón que no sienta más de lo que debería? ¿Quién eres tu para hacerme sentir demasiado?

Abrí paso a todo lo que traías contigo, sin importar las consecuencias, sin pensar en las repercusiones. Tuviste tiempo para poder contar cada lunar que habita en mi cuerpo. Puedes leer mi diario y reconocer cada palabra, porque amor mío, contigo siempre fui transparente. En ocasiones te pienso demasiado, aunque te confieso que olvido lo dicho, pero jamás los gestos. Eres recurrente en mis sueños. Cierro los ojos y puedo sentir tus dedos recorrer cada parte de mi, no solo siento como me besabas los labios, también como me besabas el alma.

Soy una mujer libre, independiente, e inquebrantable. Soy de las que piensa que no necesitamos de nadie para ser feliz, pero tu traías contigo más felicidad. No creo en el matrimonio, pero te daría un "si" sin pensarlo dos veces. No solo provocas innumerables orgasmos, también provocas lineas de electricidad en todo mi cuerpo con una sola mirada. Hubiese querido quedarme en ese instante, no llegar a este momento en el cual al verte tengo que actuar como una conocida, como si no supiera reconocer tu olor a ojos cerrados.

Tú ausencia no tan solo la ha sentido mi corazón, también la ha sentido mi cuerpo, mis manos y mi cama. El vacío que haz dejado en mi es notable, y tu voz resuena en mi mente como la puerta de un viejo armario. Pero hoy creo que hay algo de verdad en las palabras de Miguel Gane cuando dijo "El amor, es la diferencia entre [tener a] y [estar con]. Me tuviste pero nunca estuviste conmigo.

Ingenua fui al pensar que te quedarías

Cuando decidiste que ya lo nuestro había llegado a su final, sentía que tenía tanto que decir, que terminé diciendo nada. Admito en un punto la irá y el dolor se apoderaron de mi, pero no podía soportar el perderte y no poder hacer nada al respecto. En lo único que estuvimos de acuerdo fue en que los dos estamos enamorados, y ninguno contaba con eso. Ojalá y se hubiese quedado en un deseo carnal, pero se transformó en un deseo del alma.

Ahora te digo que me hubiese gustado estar un ratito más a tu lado. Hubiese querido recorrer el mundo contigo, emprender aventuras, o tan sólo conducir en el carro sin rumbo alguno. Me duele el no poder tomar tu mano, el quererte tanto que no puedo evitar pensarte cada segundo. Me hubiese gustado que me dijeras todo aquello que sentías, y no resumirlo en "estoy muy envuelto", al final terminaste demostrando todo lo opuesto.

Quizás yo fui más culpable que tú al creer que lo nuestro tenía futuro, y que en algún momento iba a poder crear memorias a tu lado, que no fuesen las paredes de mi cuarto. Quizás fui ingenua al pensar que sería tan importante para ti, como tú lo eres para mi. Quizás fui una estúpida al imaginar que pudiésemos salir a cenar sin pensar en quien nos podía estar viendo. Quizás te quiero tanto, que no puedo ver más allá de todo lo que quisiera a tu lado.

Disculpa que esto no sea una carta de amor, si no una de despedida, pues amor mío, mi corazón está hecho pedazos mientras pienso en todo lo que pudo ser y no fue. Jamás me habían tocado con tanta delicadeza y rudeza al mismo tiempo, no me habían mirado con tanto amor, ni me habían hecho sentir tanto sin decir una sola palabra. Dices que puede que el destino tenga un plan futuro para los dos, yo le pido al universo que me de la libertad de continuar mi camino, porque aunque se estar sin ti, no quiero. Aunque no quiero sentir, te amo.

Mentías cuando me decías que me querías

Confieso que escribo cuando no puedo canalizar mis sentimientos, aunque también escribo cuando la tristeza se apodera de mi. Me jode el pensar que alguien puede apoderarse de mi vulnerabilidad. Me pregunto una y otra vez; ¿cuándo se convirtió tan sencillo el jugar con los sentimientos de los demás?. ¿Cuándo terminé tan enamorada que me permití ignorar todas aquellas banderas rojas que insistían en permanecer de pies?

Mientras me deja acá pensando en todo lo que no soy para él, disfruta de su vida sin dedicar un segundo a mi. Cuando juraba estar a punto de tenerlo todo a su lado, me deja caer sin paracaídas y sin aviso alguno. Me duele el alma, su ausencia sea pasajera o no, me quita el sueño. Los pensamientos son traicioneros, y aquí estoy pensando lo peor. Debí imaginarme que era muy bonito para ser cierto, debí considerar la opción de que todo esto para él pudo haber sido solo un juego.

Me duele, me duele la indiferencia, el poco valor que le ha dado a mis acciones y a mis sentimientos. Se le olvida todo lo que he hecho para demostrar que todo esto que siento es genuino. Que cuando le decía te quiero un mundo, era para evitar decirle que le amaba con locura. Siempre he dicho que cuando realmente le importamos a alguien, busca la manera de estar presente y de dejarte saber que están ahí. Con su ausencia me ha demostrado que me mentía. Ha dejado un vacío en mi.

Un corazón roto, y una galaxia desolada

No sé como pasó, solo sé que no pensaba que la ausencia de alguien doliera tanto. Ya se me han secado la mayor parte de las lágrimas, aunque todavía al pensar en todo lo que vivimos, se me aprieta el pecho. No me estoy culpando, tampoco te culpo a ti, pero quisiera entender el porque en ocasiones nos toca vivir cosas tan fuertes, o pérdidas tan repentinas. Estoy clara de que hay personas que solo están en nuestra vida por un periodo de tiempo, y que luego de que cumplen su propósito tienen que marcharse. Siempre he visto las cosas desde esa perspectiva, pero tu ausencia no puedo aceptarla. Intento no pensar, pero al final siempre duele.

Tu breve estadía en mi vida, la ha hecho pedazos, me ha quitado la noción del tiempo, y el apetito se ha apagado. Hay momentos en los cuales me encuentro en silencio, y me transporto a aquellos momentos de felicidad que vivimos juntos, luego se escapa una que otra lágrima, entonces vuelvo y me pregunto; ¿por qué te fuiste ahora?.

También te cuento que aunque no me lo digan, mis amigas tienen que estar cansadas de escuchar tu nombre, de escucharme llorar, y de decirme que todo tiene un propósito, pues ya al final te han puesto como el malo, están hartas de ti, e intentan que vea lo poco que me querías al herirme tanto. Al final te mencionaba tan frecuente porque esperaba que alguna de ellas me pudiese reconfortar y me dijera que me ibas a extrañar tanto, que terminarías regresando.

Ahora creo que sí, tendré que comprar un perro y ponerle tu nombre, pues no quiero borrarte de mi piel y para ser honesta, también le temo a las agujas, y el pensar en que tendré que tatuarme algo mas grande, me asusta mucho más. Que pendeja fui, tanto que critiqué a todas aquellas personas que decidían grabarse el nombre de su otra mitad en la piel, tanto que me dije que nunca lo haría, y mirarme ahora, aquí me encuentro considerando comprar un perro para no tener que borrarte.

Hoy miro a mi abuelo y se me aprieta aún mas el pecho. Porque no puedo evitar pensar en ese día que te contaba que él quería que encontrara a alguien que me quisiera, que fuese mi compañero de vida y me respetara, tu respuesta fue "voy a decirle a tu abuelo que en mi ya encontraste todo, y no tiene que preocuparse más por ello." Aún así me dejaste una vez más a través del teléfono, y me dejaste fuera de tu vida como si fuese cualquier cosa, no como si fuese la mujer de la cual "te enamoraste" y juraste amar tanto.

Aunque no quiera, no puedo evitar cuestionarme si todo lo que dijiste fue mentira, ¿cómo alguien que quiere tanto, te pone una y otra vez en una esquina? Todas tus acciones me decían lo contrario, pero al final me demostraste lo que siempre supe y no quise aceptar, que tan pronto tu vida se pusiera difícil, me ibas a dejar. Al final es mi culpa por querer brillar con alguien que en palabra era estrella, y en acciones solo escarcha.

Hoy te digo adiós. Te deseo lo mejor del mundo y que logres encontrar la felicidad en donde hace tanto la perdiste. Triste que te quedes intentado algo que ya no tiene un futuro lleno de felicidad y amor, si no de cariño, conformismo y costumbre. Al final dejaste aquella galaxia que creaste en mi, desolada y sin habitante.

Besos en el cuello que no han encontrado su fin

Prometí que ya no serías parte de mis escritos, pero para ser honesta cae la noche y es cuando más extraño lo que tuvimos. El sexo lo podemos encontrar en cualquier persona, pero la conexión y el deseo insaciable no.

Para el sexo siempre he sido abierta, pero reservada a la hora de decidir con quien ponerlo en practica. Nuestro primer encuentro fue uno lleno de adrenalina, las ganas eran tantas que me senté en tu falda. Tus ojos me miraban sin parpadear, tus manos expertas se volvieron tímidas a la hora de recorrer mi cuerpo. Me acerqué a ti para besarte y sacaste todo ese deseo que estabas reprimiendo al agarrarme por el pelo. El intercambio de saliva cálida parecía no tener fin.

Ya no estás, pero todavía al cerrar mis ojos siento tu lengua explorarme de pies a cabeza. Nuestros encuentros cada vez se tornaban mas frecuentes. No era solo sexo, era algo mucho mas fuerte. Todos nuestros puntos de energia se alineaban como las estrellas en el cielo. Todo parecía desaparecer, éramos tu y yo, creando bombas nucleares que explotaban cada vez que nos veníamos entre gotas de sudor, palpitaciones agitadas, y esa necesidad de seguir provocando orgasmos. No importa si era en el baño, la cama, el suelo, nuestros amaneceres no tenían fin.

Recuerdo cuando me pegabas contra la pared, me tomabas por el pelo mientras tus labios recorrían por mi cuello. Ese va y ven provocaba gemidos de placer que intentabas cubrir con tu mano libre para que nadie fuese a escucharlos. Exploramos una y mil cosas, te conocías mi cuerpo a ojos cerrados, y mi cuerpo conocía el camino de tus labios. Esa intensidad con la que me mirabas, ese deseo con el que pegabas mi cuerpo al tuyo, y esa hambre con la que me besabas todavía no me las he podido sacar de la cabeza.

La llama sigue prendida pues no tuviste la oportunidad de apagarla. No espero tu regreso, pero me quedo con la satisfacción de que nadie te hará llegar al universo como lo hacia yo. Me quedo con la seguridad de que en ti quedó grabado las miles de veces que hicimos el amor. Tu cuerpo me recordará toda una vida.

¿Si cambiamos los besos por orgasmos?

En pleno siglo 21 hemos cambiado el amor por orgasmos premeditados. El sexo se ha tornado solo eso, hacemos hasta lo imposible por no involucrar la sexualidad a nivel psicológico y emocional. Conectamos con alguien por unos minutos, obtenemos nuestro propósito e intentamos huir como ladrón en plena madrugada. Nos decimos que no queremos complicarnos la vida, pero dejamos a alguien sintiendo un mundo de emociones y confusiones.

El sexo se ha tornado en un show de broadway, con luces y música de fondo. A toda costa intentamos acaparar a la persona, envolverla con nuestra piel, y luego no somos lo suficientemente maduros como para hablar con claridad. Les dejamos caer de la nube sin colchón que le acojine la caída.

A nuestra edad deberíamos saber hablar con propiedad. Quiero sexo, nada de cariñitos luego de enredarnos entre las sabanas. Simplemente eso. ¿Por qué tenemos que adornar un acto de placer en vez de dejarlo como lo que es? Una noche llena de calor y orgasmos explosivos. Ahora, queremos conocer a alguien dejémoslo saber, ahí si podemos añadir los cariñitos y toda esa chulería luego de compartir saliva, fluidos, sudor y ganas.

Seamos más humanos y aprendamos a pedir lo que queremos sin tabú alguno. Vamos a ser más honestos a la hora de compartir con alguien. No le hagamos perder de su tiempo, ni invertir sentimientos innecesariamente. Luego nos ponemos todas intensas, y lo primero que pasa por su mente es, ¿ella no entiende lo que es una noche? No, no lo entendemos si no se establece de ante mano.

Queremos sexo apasionado, sexo sucio en el suelo, incluso en el baño. Queremos sexo anal, utilizar juguetes, que nos den sexo oral, también queremos darlo, pero con honestidad y sin tabú. Queremos ser seres sexuales y libres. Capaces de dar y recibir sin mentiras. Porque por más que queramos, al final siempre terminamos siendo seres emocionales. Vamos a querer ver Netflix desnudos, besitos en la nariz, salir a comer, y esas conversaciones largas que me nos hagan querer conocer un poquito mas allá. Si, todas esas cosas bonitas, pero también somos capaces de entender cuando una relación se basa solo en sexo o cuando somos un "one night stand", los dos terminamos disfrutamos de igual manera.

Así que aprendamos a asumir los sentimientos de la otra parte, porque al final del día, si tenemos algo de responsabilidad por lo que sientan por nosotros. Hablemos con honestidad, hagámonos cantos a puerta cerrada y dejemos todo sobre la mesa, todo fluirá como brisa en primavera.

Me robaste la piel

Confieso que esos cinco minutos fueron los mas largos de mi vida. Jamás pensé detestar tanto la union de un par de labios. Diez años y te consideraba parte de mi, pertenecías a mi campo de energía, necesitaba hablar con alguien y recurría a ti. Necesitaba perder la inseguridad con aquella blusa que me quedaba un poco grande y ahí estabas tú. Compartíamos nuestras historias de amor y yo le decía lo mucho que había querido algunas lunas pasadas. Teníamos una unión de hermandad.

Luego esos cinco minutos se apoderaron de mi ser, mi alma se escapó de mi cuerpo y a distancia veía como luchaba contra un cuerpo dormido por un toque conocido. Mi alma dolía y lloraba, sabía que tenía que actuar rápidamente. Quitarse aquella piedra que evitaba su movimiento. Aquel pantalón estalló con fuerza, solo sentí como agarraba las muñecas con tanta fuerza que no lograba escaparme de aquellas esposas. Me tiró de espalda a él, me agarro por el cuello y el desprecio en mi iba agarrando fuerza.

Me robó la piel, me quitó el apetito sexual. Apagó mi alma aventurera, aquella que disfrutaba explorar y amaba el placer de venirse como río en movimiento. Me dejó un millón de cicatrices y un desprecio por el hombre que me mira en la calle como si fuese un pedazo de carne. Aquella noche me dejó saber que hay quienes toman todo como si fuese su propiedad. Me dejó aquel sentir amargo en los labios y en la piel, ese sentir que no puedo eliminar por más que me bañe. El dolor de haber confiado ciegamente en alguien. La ignorancia de pensar que porque es alguien que conocía no me haría daño. La rabia de haberme sentido tan vulnerable que mis sentidos de defensa no se hayan encendido. La repugnancia hacia ti, y hacia cualquier otra persona que me vea como un objeto.

A mi amiga que dejó todo a un lado por escucharme llorar por horas, le agradezco con el alma. Nadie debería pasar por una aberración así sola. A mi psicóloga le agradezco el brindarme un espacio seguro para ventilar mi mar de emociones y ayudarme a sanar así me toma tres vueltas al rededor del sol. A toda aquella mujer que se empodera por situaciones como estas y brindan una mano amiga a otras víctimas. A ti que me robaste la piel, te agradezco el confirmar que tengo que seguir apoyando firmemente el empoderamiento femenino y los derechos hacia la mujer.

La realidad es que somos muchísimas más las que experimentamos este tipo de situaciones y peor aún, en manos de alguien que conocemos. Un "no", es un "no". El besar a alguien no les da el poder de desvestirnos a la fuerza. El desnudarse frente a alguien y luego desistir de la idea, es permitido. La penetración a la fuerza es una violación. No sientan vergüenza por lo sucedido, no fue su culpa. Y no cometan mi error, no sé queden calladas, pues no sabemos quien más ha sido su víctima.

seconda parte.

un amore unilaterale.

(amor unilateral)

HJ.

Dicen que el amor de nuestras vidas usualmente es alguien que conocemos de años, así sea de vista. Pudiese ser un extraño con el cual cruzaste miradas en la carretera, alguien con quien pudiste haber rozado hombros. La vida tiene una manera mágica de conectar las cosas, las personas y los corazones. Años atrás estábamos frente a casa de su novia. Yo estaba estaba en el mismo lugar, pero esperaba por su hermana. Allí estaba él con cara de agonía, sufriendo porque lo habían enviado de guarda espaldas al concierto de "Cordon Blu" como le llama. Recuerdo muy poco de ese día, pero no puedo olvidar que las únicas dos personas que pasaron el viaje hablando fuimos él y yo. Compartimos una y mil anécdotas, incluso los gustos en la comida.

Esto no es una declaratoria de amor, como siempre digo. Yo le he dejado saber una y otra vez mi sentir. Esto es para que entiendan el porque llevo aquí tanto tiempo esperando por él. Cuando amo, amo con todo lo que tengo.

Al pasar de los años cambió de país, y ciudades. Recuerdo que todos hablaban de él, pues se había convertido en toda una celebridad. Representando a Puerto Rico en el mundo. Yo seguía aquí, en el mismo lugar.

A los años volvimos a vernos. Estaba en un restaurante con alguna chica y al entrar la primera cara que vi fue la de él. Creo que no recordaba quien era, aun así sonrío conmigo. Les confieso que no creía en eso de las mariposas en el estomago, pero en ese momento juro que tenía un mariposario rogando que les dejara en libertad.

Los encuentros se volvieron mas frecuentes, pregunté por ti. Me dijeron que ya estaba de regreso en nuestro pequeño pueblo. La curiosidad se mantuvo viva por un momento, pero luego logró cesar.

Volvieron a pasar dos o tres años. No sabia nada de él, no nos teníamos en las redes sociales. Solo lo veía de pasadas de vez en cuando, también veía sus logros a distancia. Eso siempre me hizo muy feliz; el saber lo lejos que había llegado y lo que estaba logrando. Si algo siempre supe, fue que llegaría lejos. Desde muy joven tenía grandes sueños, aunque sus metas no estuviesen muy claras.

Unos años mas y allí estaba yo, entrando a una discoteca. Tropecé con alguien, para mi sorpresa era él, allí estábamos frente a frente. El mariposario volvió a alborotarse. No entendía el porque, pues yo estaba con alguien a quien quería mucho. Me congelé, las palabras no lograban escapar de mis labios. Me sonrío y me dijo "hace tiempo no te veía". Recuerdo que solo pude sonreír y seguí a encontrarme con mi pareja.

Seguí frecuentando aquella discoteca, y siempre lo veía. Comenzamos a intercambiar una que otra palabra. Siempre veía sus ojos en alguna chica distinta. Alimentaba la vista, pero no entregaba el corazón. Eso es algo que siempre pude notar. Mientras yo intentaba domar aquellas mariposas.

Al tiempo nos convertimos en "panas" como le llama. Ya había logrado controlar aquellas emociones. Pero un encuentro volvió a cambiarlo todo. Estaba en un restaurante con mi hija, me encontraba en una situación un poco incomoda. Un señor no nos quitaba la vista de encima. Cuando de repente se me sentó al lado plantándome un beso en la cabeza. Supongo que notó mi incomodidad y llegó a nuestro rescate. Tomó a mi hija y la sentó a su lado. Comenzó a actuar como si fuésemos pareja. Yo estaba perpleja, no entendía nada. Creo que eso también lo notó porque se me acercó al oido y me susurro "todo esta bien, come tranquila que me voy a quedar aquí hasta que termines". Ese día regresaron las mariposas y con mas fuerza. El señor se fue y él nos acompañó al carro. Mientras le agradecía su gesto, me dijiste "Lei, si a tus treinta no te has casado, me voy a casar contigo. No me puedes decir que no. Haríamos buena pareja". Estaba un poco tomado, así que lo tomé como una broma y me fui.

El tiempo volvió a pasar, era un 30 de noviembre. Todo me había salido mal. Se me había roto el vestido, tuve que hacer una parada para comprarme un par nuevo de zapatos. En fin, iba tarde para el cumpleaños del padre de mi pareja en ese momento. No sé si fue casualidad u obra del destino, pero llegando a la entrada del local me caí. Los zapatos eran muy altos y el pavimento estaba lleno de rocas. Aun en el suelo, suspiré hondo y cuando iba a levantarme sentí como unas manos me tomaron por el brazo para ayudarme. Para mi sorpresa era él, con esa sonrisa de oreja a oreja "Lei, tu como que no sales del piso" acompañado por una risa medio burlona. Andaba con una chica de pelo negro, muy bonita de hecho. Le agradecí y continué mi camino. No podía dejar de pensar si esta vez si le había entregado su corazón a alguien. Al rato pude confirmar que si, al menos era la chica del momento. Estaba todo cariñoso. La trataba con tanta delicadeza. Era un lado que no había visto en él.

El tiempo continuó corriendo, a penas coincidíamos. Los saludos eran lejanos y breves. Con el tiempo dejé de pensar en él. Tampoco lo tenía presente todo el tiempo. Pero ocasionalmente ocupaba mis pensamientos. Ya a esas alturas volvió a ser un conocido. Yo me encontraba sola batallando con mil dragones. Él brillaba, iba agarrando sus dragones por cuello. Al menos así lo hacía ver.

Un día surgió en una conversación con mis amigas, me contaban lo bien que se veía. También comentaban que tenía una pareja en otro país. Pero su nombre dejó de ser mencionado al llegar el "bartender" a nuestra mesa con unos "shots".

Pasaron unos meses y para mi sorpresa tenía un mensaje de él en mi buzón de *Facebook*. Recuerdo era una tontería referente a una historia que había publicado. Comenzamos a intercambiar alguna que otra cosita de vez en cuando.

Un día me hizo una propuesta, les juro que lo pensé mil veces. Me negaba rotundamente a caer en él. Sabia que me rompería el corazón en mil pedazos. Aun así, eventualmente me hundí en su cama. Por eso siempre debemos seguir los consejos de las abuelas, "Lei, no digas de esa agua no beberé. Terminarás tomándote un mar". No terminé tomándome un mar, pero si ahogándome en él.

Me duele, me quiere, me odia, se aleja, regresa, desaparece, aparece, me tocas, me besas, no me mira. Un año ha transcurrido y seguimos en el mismo ciclo. Esta lleno de inestabilidad. He querido soltarlo una y mil veces, pero siempre regreso. Regreso a él sabiendo que nada cambiará. Regreso a sus brazos porque se han convertido en mi hogar, aunque no sea el ideal. Sigue siendo mi lugar favorito.

Hemos compartido tantas cosas, al mismo tiempo no hemos compartido nada. Cada vez que lo siento cerca, se alejas llevándose consigo todo de él. Me ha convertido en tormenta, mis pensamientos corren a cientos de millas por hora. Paso mas tiempo pensando en él, que lo que paso escribiendo.

Ya sé lo que se preguntas, como puedo llamarle el amor de mi vida, cuando me ha dado tan poco? Quien ha dado mas aquí he sido yo. Porque tampoco hace nada para retenerme. Si, debí cerrarlc la puerta desde el inicio. Pero ya saben como soy, una romántica empedernida que siente un mundo y demuestra un mar. Ha pasado tanto que pensé que era parte del destino. También pensé que me quería, que solo lo habían herido tanto en un pasado que temías a envolver todo en alguien mas.

No sabía que el quererle me dolería tanto. Siempre he pensado que el amor lo puede todo, pero con. él siento que me ahogo en la orilla. Me ha mantenido aquí, sin saber el porque, y cuestionándome todo. Ya ha sido tanto que he tenido que darle libertad a las mariposas, mientras ellas decidieron habitar mi cabeza y darle espacio a que los jugos gástricos retomen su espacio.

Mis amigas dicen que es así con todas, que no me crea nada de lo que me hace sentir. Me dicen que siempre lo ven con alguien nuevo. Que soy la única chica que no presume. Que no me quiere, pues solo le gusta tenerme ahí. Como premio de "Oscar", en vitrina y lleno de polvo. También dicen que no merezco sufrir por su ausencia. Pero bueno, aquí llevamos mas de 365 días y mas de 10 lunas.

¿Quién ama así? ¿Por qué lo amo? Una parte de mi siente eso porque me salvó, mientras alguien sintió el derecho de tocarme sin consentimiento, él me desvistió pausadamente y con delicadeza. Me devolvió todo lo que creía haber perdido. Otro parte de mi porque sabe jugar muy bien, ya es tanta la experiencia que se sabe cada paso de memoria. Sabe como envolverme, sin envolverse. Lo amo porque veo mas allá de lo que proyecta. Veo su alma, su esencia, veo sus ojos y todo lo que esconden.

Solía rogarle a la luna para que me dijera sus verdaderos sentimientos, pero su respuesta seguía siendo como siempre, era tan ambivalente. Buscaba cualquier cosa para justificar sus acciones. Mis detalles continuaban, mi amor ya se podía notar desde otra galaxia. Su ego y egoísmo pertenecían acampados en el planeta tierra.

Les juro que solo quería estar a su lado, lo quería todo con él. Lo amaba con cada parte de mi ser. Pero cuando dejamos de regar las flores, se marchitan.

Me enamoré perdidamente de él, pero no pudo ver todo lo que soy. Hoy me dijeron que se notaba el amor entre nosotros dos, pero solo de mi parte. Hoy lo entendí todo.

No es el villano en este reino, pero me rompió en mil pedazos. Pero como los príncipes azules solo despiertan con besos, aquí gana la reina. Se repondrá aunque le falten algunas piezas pequeñas. Esta llena de fortaleza, ganas, amor y mucha magia

Guapo, te quiero a ti

Aquí te escribo por si en algún momento decides conocerme mas allá de lo que hacemos entre las sabanas. Solía escribir porque entendía que era mi mejor manera de dejar saber mi sentir, cuando en realidad escribo porque le temo a la reacción que mis palabras tendrán en los demás. Hoy te digo que aunque sea intensa, no significa que no pueda comprender tu estilo de vida. Aunque me cueste mucho entenderte, lo intento en ocasiones con mucho detenimiento. Creo que alguien te lastimó y eso provocó que no confiaras en nadie; yo también pasé por ello en un momento de mi vida.

La felicidad es espontánea, pero no creo que te estás permitiendo vivir en esos momentos. Eres un ser de grandes sueños, y llevas tus logros en el pecho, quisiera me permitieras celebrar a tu lado. Pues yo celebro hasta lo más mínimo con globos de helio y copas de vino. No soy perfecta, pues en ocasiones no puedo ocultar mi locura, pero te aseguro que soy todo aquello que puede hacerte sentir libre aún cuando estás acompañado. Nunca he querido incomodarte con mi intensidad, pero confía en mi cuando te digo que todo lo que he hecho ha sido con las mejores de las intensiones.

El magnetismo entre dos persona se siente desde que se tienen en frente, de mi parte lo he sentido. A lo mejor por eso continúo aquí buscándote la vuelta, con la esperanza de que te abras a mi un poquito más o de que te cierres por completo. No espero entablemos una relación seria, pero si me gustaría que me permitieras llegar un poco más a ti. Me encantaría ser parte de tus días, y poder apoyar todo lo que eres y desees ser.

Amor, estás compuesto de magia, ímpetu, y ganas, pero también de confusión e indecisión. Un día me haces sentir unas cosa, y al otro algo completamente opuesto. Sabes que soy transparente y honesta, digo lo que pienso aún cuando sé que puedas no comprenderlo. Probablemente en tus planes no esté el darte a la tarea de invertir tiempo y emociones en nadie, o puede que si y simplemente que yo no sea esa persona. Pues me has dado a entender en más de una ocasión que no estás acostumbrado a lidiar con personas como yo. Ya sabes cómo soy, así que no entraré en eso. Solo quiero que sepas que si estoy dispuesta a conocer todos tus colores. No me mal entiendas, mi intensión no era, ni es forzar nada. Simplemente quería dejarte saber que en noches de completa oscuridad en mi tendrías un cielo lleno de estrellas. Guapo, solo me consta agradecer tu presencia en mi vida, sea pasajera o duradera me has dejado otra lección de vida. Esto no es una carta de amor, pero si una declaración llena de honestidad.

Ojos color café

De alguna manera la vida no para de sorprenderme.
Juro que en donde le veía le gritaba solo para saludarlo,
aun en tiempo de pandemia sin saber si me reconocería
ya que llevaba mascarilla puesta. Pues nunca le dije que
fue mi "crush" en algún momento luego de conocerlo. Fue
algo pasajero, pero no olvido que quedé flechada en el
momento en que llenos de felicidad ordenamos lo mismo,
"pechuga a la parmesana con tostones'. Les juro que ese
fue el momento, dicen que el amor entra por la cocina,
no?

Jamás pensé que mi corazón se detuviese al tenerle de
frente. Pensé podría entrar al juego sin envolverme tanto
en el personaje. Quien iba a pensar que esa química in-
negable pudiese sacar al aire mucho mas allá que aquellas
ganas de comerlo un poco mas abajo de su abdomen. La
electricidad que corría por mi cuerpo era similar a la de
una tormenta eléctrica en pleno invierno; me calentaba.
Con tan solo una mirada de esos ojos color café me con-
vertía en mar con olas interminables. Nos hacíamos arena, y resurgíamos en algo inexplorado.

También me pierdo en esos ojos café cuando tengo tanto por decir que por no arruinar el poco tiempo que me
brinda, me lo callo. Entiendo que todos tenemos nuestro
propio ritmo. Admito que puede que mi ritmo sea un

poco mas al son de salsa. Pero cuando le hablo de mis sentimientos, confíen en que lo hice ignorando todas las banderas que me apuntaban a sobre pensar tanto que llegase a dudar el enviarle cualquier mensaje en el cual sonara toda romanticona. Mi amiga dice que me hechizó, yo digo que sacó una versión de mi la cual extrañaba muchísimo.

Me encanta como me llena de tanta seguridad, que me convierte en una fiera en la cama sin pensar en cuan caídos puedan estar mis senos, o cuantas estrías pueda tener mi cuerpo. Me hace sentir como una diosa. Me disfruto cada camino que traza al pasear sus manos por mi cuerpo. Disfruto saborear cada lunar. Estallo como un cohete de esos coloridos en un 4 de julio. Pero también amo la pasión con la cual habla de todas aquellas cosas que quiere lograr. La manera en la cual se ríe al escuchar alguna tontería que sale de mis labios. También amo cuan "nerdy" puede ser, mientras muchos piensan que es todo un "Don Juan". Amo lo vulnerable que es cuando me tiene de rodillas.

No tenemos titulo alguno, aunque no les miento cuando les digo que me encantaría fuese un huésped estacionario en mi ciudad. No quiero interrumpir su ritmo, pero quisiera ser parte de su evolución, que pudiésemos compartir mas allá de cuatro paredes. También me encantaría poder regalarle pijamas para cada ocasión. Porque así soy, toda una romántica empedernida en un mundo en el cual el amor se ha vuelto mucho más superficial.

Siempre he dicho que la única parte de nuestro ser que es ingobernable, es el corazón. Aunque ya en este punto del escrito resurgen aquellas inseguridades, no puedo evitar confesar que su parecido con Tarzan me enciende. Tampoco puedo evitar el querer saber su verdadero sentir hacia mi, y si todas esas muestras de amor le han susurrado al oido que lo quiero aquí para rato. Comencé queriendo hablar sobre esos ojos café, y terminé escribiendo una declaración de amor mientras estoy en las nubes. No tan solo me causa orgasmos de esos que te retuercen hasta los dedos, también causa que quiera tener uno de esos amores libres y aventureros lleno de complicidad.

Hace unos días le hablé a un amigo sobre el amor a través de mis ojos, y todos los sentimientos que traía consigo. Mientras le hablaba de aquellos ojos café que me traían de cabeza, me preguntó si era correspondida. Admito que eso provocó que me detuviese a pensar por unos minutos. Su cara reflejaba toda aquella confusión que yo estaba sintiendo en esos momentos. Al final tuve que admitirle que no tenía respuesta a su pregunta, pues habían ocasiones en las cuales sentía que sí, que era algo correspondida, mientras habían otros momentos en los cuales me sentía totalmente perdida, ya que el desinterés de su parte inundaba sus acciones.

Mi amigo me dijo algo que aunque nos cueste aceptar, es algo que es esencial en cualquier tipo de relación; "necesitas ponerle un título a la relación, sea cual sea". En ese momento sentí como se apretó mi pecho, y el miedo se apoderó de cada parte decisiva de mi. Pues la realidad es que no me atrevía a tocar ese tema por miedo a perder lo que tuviésemos. Me sentía feliz estando a su lado, aunque era mas el tiempo que pasaba sola. Cada mensaje que me enviaba me llenaba de tanta emoción, que ponía de un lado el hecho de que era mas lo que pasaba sin saber de él. Usualmente me conocen por dar saltos al vacío sin importar que me espera al final. Él se había apoderado tanto de mi, que provocaba que me cuestionara cada paso que diera a su favor.

Me enamoré por segunda vez. Esta vez todo era mas bonito, aunque no estuviese tan claro. Era un amor que corría con la corriente. Tal vez hay quienes relacionan al amor con conversaciones largas, pasar mucho tiempo junto a la persona o vivir ciertas experiencias. Para mi el amor va mucho más allá, y me enamoré de su esencia, de su carisma, de la manera en que interactúa con su entorno, incluso me enamoré de su pasión. A estas alturas esos ojos café no logran ver como hemos llegado a ese momento en el cual lo pueda mirar fijamente y desbordar aquel océano de sentimientos.

Dicen que cuando alguien te quiera, te va a aceptar con tus virtudes y defectos. Que para poder estar con alguien, tenemos que aceptar ciertas cosas que nos incomodan, pues nadie es perfecto. No están muy lejos de las realidad, pero también creo que el amor puede surgir en una conversación breve, en una cita romántica, en el medio de alguna situación inesperada o durante un encuentro sexual. Quien diga que tiene claro todo esto del amor, seguramente miente, pues es una de esas cosas que viene sin libro de instrucciones. Así que no sé como actuar en un momento en el cual tienes que dejarle saber a alguien sobre tus sentimientos. Hace unos días tuve que recurrir a unas copas de vino para poder llenarme de valor, terminé dejándole saber lo enamorada que estaba, que quería todo con él y lo mucho que lo deseaba sexualmente. Oye, todo va de la mano no? El amor, el deseo, el cariño y la pasión. En mi libro inexistente sobre el amor estoy segurísima de que una cosa me lleva a otra.

No obtuve titulo, ni siquiera sé si me consideraba para algo mas allá que dos personas que comparten fluidos y se devoran con muchísimas ganas. No sé si me piensa, o si hay algunos minutos durante el día en el cual quisiera verme. Pero hoy puedo decir que no permitiré que el miedo a perderle detenga mi toma de decisiones. Necesitamos saber poner limites, si se nos cierra una puerta podemos tocar en ella varias veces, si no abre debemos continuar con nuestro camino. No es justo ser una opción para alguien, cuando para ti son una prioridad. Creo que tenemos algo de responsabilidad sobre los sentimientos que alguien pueda tener hacia nosotros. Si ves todo el esfuerzo que están haciendo para permanecer en tu vida, eres tú quien decides si se quedan o se van. No es justo dejarlos continuar, si no tenemos deseo alguno de que realmente se queden en nuestras vidas.

Hoy solo me resta decirles que me enamoré locamente de aquellos ojos café. No obtuve claridad. Tomé acciones en exceso hacia él. El miedo me congelaba por ratos. Tomé a su nombre. Le hice regalos cada vez que quería dejarle saber mis sentimientos. Lloré. Reí. Besé cada parte de su cuerpo. Quería mucho mas de lo que me dio. Lo extrañé. Pero llegué al lugar en el cual me llené de amor propio, me abracé y entendí que quien quiere estar, está. Que quien te extraña, te busca. Quien te quiere, lo demuestra. Así que no acepten el amor que creen merecer, acepten el amor que resalte todo aquello bonito que existe en ti, aquel amor que te eleve el alma, aquel que de la milla extra por ti.

amore, reina, babe, bebé

Mientras tomaba el expreso para llegar al trabajo no podía evitar que tu presencia opacara el resto de mis pensamientos. Me preguntaba el porque luego de quince años me tocó enredarme en tu rosal, cuando no te importó si alguna de tus espinas podrían provocar heridas profundas en mi piel. No entiendo absolutamente nada, pero aquí estoy a punto de estallar como una bomba en medio de una guerra mundial.

Te he llorado un mar, tanto así que las olas han reclamado la tierra que le habían robado. A este cielo no le quedan gotas, se han evaporado con la calentura que provocaban tus manos. Me congelas con tu frialdad, para luego derretirme con tus orgasmos. ¿No te cansas de nadar de mar en mar? Ya estoy cansada de tanto nadar sin tanque de oxigeno que me ayude a sobrevivir la profundidad.

¿Idolatrar lo que cargas entre tus piernas y que te trataran cabron? Según tú, eso era todo lo que hacia falta para poder ser parte de tu vida; que eso bastaba para que te quedaras un rato más. Jamás dijiste que hacia falta descifrarte mas allá de tus entrañas. Tampoco dijiste que no tendrías interés de compartir algunas copas bajo una noche estrellada. Vienes y vas como colibrí en primavera.

A todas nos llamas de la misma manera; amore, reina, babe, bebé. Todas somos reinas en tu reino. Gobernamos tu universo, por ratos. "Amore" ella, a mi ya me quedan muy pequeños esos zapatos. Decías amar como te comía más abajo de la cintura, mientras buscabas orgasmos en quien te meneara su cintura al caminar e hiciera caso omiso a los títulos. Vagabundo eres en un mundo ficticio que has creado sin antecedentes para no salir herido.

Dijiste que te importaba y que también me querías. Creí cada una de tus palabras, te dediqué demasiados escritos y mucho más espacio en mI ser. Mi clítoris y mi corazón latían por ti. Hoy entiendo el porque no me dedicaste mas tiempo, el porque me escondiste en cuatro paredes, y no permitiste que el mundo viera como brillaba a tu lado. Eres de todas, no eres de nadie. Tu amor es universal, no tienes el valor de habitar en un solo planeta.

Llenas tu recorrer de abono temporero a un rosal entero, para que sientan la necesidad de regresar para no marchitarse. Mientras tanto aquí estaba yo cargando espinas pensando en que solo sería parte del proceso. El amor no se borra tan rápido, pero las ganas de demostrarte amor han desaparecido. Los sentimientos tomarán otro rumbo, pero te recordaré como aquel 31 de octubre que surgió con insistencia y provocó fuegos artificiales en mi cielo. En cambio yo permaneceré viva en cada detalle que tuve para contigo, pues aporté mucho a tu santuario sin esperar nada a cambio, solo fue mi manera de demostrar mi amor por ti.

La fuerza estará ya contigo... siempre...digo, estará conmigo. Conmigo siempre.

Deja que tu lengua trace un camino por mi cuerpo, por
si decides regresar no te pierdas

Acá me encuentro pensándote, mi ropa interior se
humedece con tan solo imaginarte encima de mi. Siento
el calor de tus labios sobre los míos. Ese magnetismo entre nosotros dos no lo podemos negar aunque
quisiéramos. La química provoca que nos devoremos de
un solo bocado. Me acerco a ti, y aunque intententé es-
conderlo con todas mis fuerzas, no puedo evitar que mi
temperatura corporal comience a subir. Si no es Dios,
será Lucifer...pero acá me encuentro perdida en tu piel.

Encuentro tras otro, todo se pone aún más intenso. Me
encuentro encima de ti, entre ese va y ven, las gotas de
sudor bajando por mi espalda y tus manos agarradas de
mi cintura. Amo sentir tu pelo sobre mi cara mientras
metes tu dedo en mi boca. Tu lengua recorre mi cuerpo,
mientras mi pecho esta sobre el tuyo. Me giras, me tum-
bas de espalda sobre la cama, y mis pies acaban en tu pecho. Ahí es cuando surge nuestra galaxia. Una galaxia
completamente explorada, pero tenemos que admitir que
es uno de esos recorridos que no podemos parar de frecuentar. No tan solo me devolviste el hambre por lo carnal, si no que también me devolviste la confianza.

Me siento como toda una diosa cuando me desvisto frente a ti, me miras con esos ojos color café que derrumban cualquier pared, incluso son capaces de terminar con el imperio Romano. Jamás pensé disfrutar tanto a la hora de comerte, pero sin duda alguna es mi parte favorita; sentir esa tensión que corre desde tus muslos hasta la punta de tus dedos crea un río entre mis piernas.

Creo que la química que hay entre nosotros dos es de esas que se da muy pocas veces en la vida. Mi corazón y mi clítoris palpitan por ti. Provocas innumerables orgasmos, y aunque lo mas probable no es lo que quieras leer, tus brazos son mi lugar favorito. Quisiera que si te pido que te quedes, que sigamos explorando otras galaxias, me dieras un "sí". Pero como contigo no tengo nada por sentado, te pido que cada vez que nos veamos, traces con tu lengua un camino sobre mi cuerpo por si algún día te vas, y luego decidas regresar, no te pierdas.

¿Y si lo intentamos y nos adueñamos del universo entero?

Te quiero muchísimo más de lo que piensas.

Chico de los ojos color café, hoy te digo adiós

Dicen que en ocasiones el no recibir respuesta, también es una respuesta. Así que puede que llevaras tiempo intentado dejarme saber que no querías estar acá, que mis sentimientos no eran bien recibidos. Puede que tampoco fuesen recíprocos. Pero preferiste callar, seamos honestos. No me pusiste barreras, me permitiste correr sin freno. Tampoco tienes responsabilidad afectiva. Aceptas todo lo que te puedo dar, disfrutas un rato de nuestros encuentros carnales, y luego tomas tu distancia, regresamos al anonimato y es como si nunca hubiésemos existido.

Quiero que entiendas que jamás fue mi intención el forzar nada en ti, al contrario. Quería todo lo que pudieses sentir fuese porque genuinamente lo sintieras. Seamos honestos, tampoco pusiste mucho de tu parte. Simplemente te encerraste en ese pensar de que estas muy ocupado y no estas en momento de tocar temas sentimentales. Puede yo sea demasiado sentimental, puede yo exprese demasiado, quiera demostrarte tanto amor que termines no sabiendo como responder a ello. Igual creo que nunca me permitiste realmente demostrarte que mis intensiones eran genuinas y que eras la única persona en mi vida.

Has sido tan mágico como un cielo estrellado, lleno de constelaciones pero sumamente difícil de encontrarlas. Algo bonito de mi sin duda alguna se queda en ti, te demostré en todas las maneras posibles que te quería, y que estaba enamorada de ti. Te permití llegar a lugares a los cuales nadie mas había llegado. Espero encuentres esa persona que no tenga que esforzarse tanto para poder quedarse a tu lado. Aquella a cual le permitas ser parte de tus días, solo para poder compartir un poco mas contigo.

Espero todo sea reciproco. Al final yo si estaba dispuesta a hacer todo aquello para estar un poquito más cerca de ti.

Te quise, te quiero, te querré como se quiere una estrella fugaz al llevarse consigo uno de tus deseos...

No me soltaste porque nunca me agarraste de la mano

Cuando era pequeña solía hablarle a la luna. Incluso ahora que soy adulta, le he hablado de ti. No entiendo como, pero me enamoré perdidamente de tu universo entero. Aunque solo me permitiste mirar sin tocar, justamente como se le ordena a un niño en casa de alguna particular; "mira, pero no toques". La diferencia acá es que un día me permitías llegar tan cerca que podía comenzar a sentir como sería vivir sin gravedad, en cambio otros días me querías excluir.

Sé que todo se habló desde un inicio. ¿Quién manda al corazón cuando encontró una musa real? Esa que la impulsó a dar uno de los pasos mas grandes en su vida; publicar su tan anhelado libro. Creo que tienen mucha razón cuando dicen que hay personas que vienen con grandes enseñanzas, luego se van. La realidad es que todo en esta vida es pasajero. Incluso el amor que te tenía. También tienen mucha razón cuando dicen que los puntos controvertibles se deben discutir desde el inicio.

Si, soy un poco muy expresiva, volátil, dramática, incluso podría decir que soy sumamente sentimental. Pero desde un inicio te dije que "fluiría, ver a donde nos llevaría la corriente". Tampoco puedes esconderte detrás de lo que se habló desde el primer día. Según yo vi todas las banderas rojas, tú viste mis acciones hacia ti. No puedes decir que no sabías que había dejado de verte como la persona con la cual quería practicar todas las posiciones del Kama Sutra, pero que comencé a verte como la persona con quien quería explorar el mundo. Sabes, cada una de nuestras acciones tienen repercusiones. Los sentimientos se desarrollan. El amor es trascendental. A veces nos tenemos que poner limites, pero en ocasiones también necesitamos que la otra personas ponga un punto y final.

Hablabas de privacidad como si la cargaras en el pecho mientras caminabas por un linea recta. Mientras yo sabia que caminabas por las lineas entrecortadas mientras la privacidad se disolvía. Todos conocían tus ecuaciones matemáticas menos yo, que era parte de la ecuación. Tienes razón, fue mi culpa por no entender que no tenías el "mind set" para estar en una relación. Al igual que fue mi culpa por dar demasiado a alguien que ni siquiera me estaba dando los buenos días en las mañanas. También fue mi culpa, por no ver que ya eras un campeón reconocido por vez quien sabe quien, y ya te sabías las reglas de memoria.

Ahí estaba yo ignorando cada cosa que me decían. Te veía, pero detrás veía como las únicas cosas que mantenías privadas eran tus frustraciones, tus sentimientos y a mi. Así como me escondes, los demás dejan saber todo aquello que según tu, caen en la privacidad. Tan fácil es dejar saber que solo querías que nos comiéramos de vez en cuando, a solo decir que en la "privacidad se puede todo", fuera de ella nada. Sin duda alguna estamos en la libertad de escoger a quien querer, y a declinar el amor de alguien mas. Al final del día no era para ti, pero tampoco me pudiste decir que no me querías.

Tremenda lecciones de vida me has dado, "si alguien se quiere ir, no dejes la puerta medio abierta con la esperanza de quieran entrar. Al contrario, regálale alas para que vuele alto". También me dejaste saber que no nos podemos conformar con menos solo porque queremos. Tenías razón, no me tenias que soltar porque nunca hiciste nada para aguantarme. Al final del día me enamoré de tu pene, de la idea de que pudiésemos ser un "power couple", y de la manera en que me ponías de rodilla y codo al suelo. Pero no se equivocaban cuando decían que uno solo hace tiempo para las cosas significativas. Ya entiendo el porque solo era tus quince minutos.

Me solté yo, porque nunca me aguantaste, solo había olvidado que aún tenía vuelo y podía salir por la ventana cuando quisiese. Aún así, tendrás eternidad en la dedicatoria de mi primer libro porque según la buena química nunca muere, las musas que nos queman, nunca dejan de arder.

Te recuerdo y se me estremecen los dedos de los pies.

Cada orgasmo aún habita en mi ropa interior.

Pero tu habitas en mi corazón.

Era mucho amor para ti. Muy poco para mi.

Para ser honesta cuando llegaste no andaba buscando quien llenara mi corazón. Estaba sumergida en un mundo de inseguridad y recuerdos no muy gratos. Intenté huir de ti, juro que lo intente. Por un tiempo estuvo divertido el jueguito, el quedar en vernos y no llegar a nada. Ya luego las ganas salieron como puto arcoíris después de un día lluviosos. ¿Quieres aún más honestidad de mi parte? Antes de que llegarás pensaba no poder volver a sentirme segura frente a un hombre, sentía haber perdido el hambre por el contacto físico, juraba que jamás volvería a recuperar la sed por el sexo. Antes de ti había intentando estar con alguien más, pero un simple dedo que sintiera sobre mis manos y me transportaba a aquella noche en la cual me desvistieron sin consentimiento y se llevaron consigo parte de mi esencia.

Tú me devolviste la seguridad, por ti volví a ser yo. Volví a disfrutar estar entre sábanas con otra persona, sobre todo el poder explorar una y mil cosas en la cama. Quien sabe si es eso lo que me hizo intentar esto que teníamos una y mil veces. Dicen que el hogar suele ser nuestro lugar seguro, llegué a pensar que tus brazos lo eran, aún cuando estaban llenos de olas de frío.

Amé cada parte de ti. Amé cada parte de mi cuando estaba contigo. Ignoré el hecho de que tu corazón no me pertenecía, pues me enfoqué en que el mío era todo tuyo. Te di tanto que ahora me debo, me enfoqué tanto en lo que podríamos ser que olvidé lo que éramos en el momento. Contigo no encontraba como dejar de soñar.

Tus ojos eran un universo, sabías mentir tan bien que olvidabas que tus ojos te delataban. Siempre debí decirte lo que sentía al tenerte en frente, pero ya me conoces. Sabes que no puedo aguantar las sorpresas, mucho menos los sentimientos.

Soy fuego artificial en despedida de año, tú ese aguacero que nos toma por sorpresa. Créeme que incluso hice una tabla de "pros"& "cons". Seguía tomando la delantera el que continuara intentándolo. En un punto dado estaba tan segura de que un día despertaras y te dieras cuenta de que soy todo lo que buscas. Quería que te dieses cuenta de que era la persona perfecta para ti.

Arropaste mi cuerpo con el tuyo, tus acciones se apoderaron de mi ser y todas esas cosas bonitas que haces, como cuando bailas al recibir tu comida, todo eso provocó que me enamorara perdidamente de ti. Literalmente eres el "Chuck to my Blair". Puro agua y aceite, no son miscibles. El agua es polar y el aceite es no polar. Pero si le echas agua al aceite caliente, sabemos que es pura candela. Aunque el sexo lo encuentras en cualquiera de esas chicas que te acompañan, el alma no vibra con cualquiera: tú y yo vibramos tanto que pareciéramos estar en el centro de una tormenta electrica. No me niegues que el solo pensar que me tienes así cerquita de tus labios no te provoca ganas de devorarme. Juro que nunca me quise enamorar. Pero todos sabemos que terminé escribiendo un libro sobre ti.

Esto era demasiado amor para ti. Muy poco amor para mi.

Ya no sé si creer en el destino o en las coincidencias. Llegué a pensar que habíamos cruzado camino porque teníamos un propósito. Ya han pasado 365 días y aun recuerdo cada momento que he pasado a tu lado. A eso le añado quince años. Llevas dieciséis años en mi vida, si los dividimos en dos es un número par, así que si de matemáticas estuviésemos hablando, tu y yo seríamos la ecuación perfecta. Como lo son luna y el sol, el whisky con agua, el mar y la arena.

Han sido muchos los encuentros que hemos tenido, muchos más los momentos íntimos que hemos compartido. Cierro los ojos y puedo transportarme a cada uno de ellos. Cuando estoy a tu lado no solo se detiene el tiempo, pero siento que todo es armonía. No necesitamos hablar, pues incluso el silencio es cómodo a tu lado. Amor mío, esto no es una declaración amorosa. Esto es una descripción perfecta de lo que siento cuando estoy a tu lado.

En la vida hay muchos placeres como la comida, el sexo, la arena en mis pies, las sabanas recién lavadas, el oler tu cuello y el estar a tu lado incluso si la ropa no ha abandonado nuestros cuerpos. Cuando hablamos de amor, pienso en dos personas, una de ellas eres tu, la otra sabemos que me ilumina los días desde que llego a tierra. Le digo a todos que ya no te pienso, que no quiero corre a tus brazos. Para ser honesta miento con toda la honestidad del mundo, aunque probablemente lo saben y solo me dejan ventilar.

Saben que te has convertido en mi eterna musa, las palabras contigo son infinitas. Puedo describir todo lo que siento por ti de una y mil maneras, aun así sobra espacio en el abecedario. Porque cuando te digo que ABC quiero verte, en realidad quiero decir que te quiero ver a todas horas del día. También quisiera dormir a tu lado, que me acompañen tus ronquidos y despertar en tus brazos aunque tu pelo cubra mis ojos. Porque así es el amor, vamos de la mano bajo el arcoíris, pero cuando llega la oscuridad nos agarramos aun mas fuerte.

Dicen que las mujeres jamas deberíamos dejar saber todos nuestros sentimientos, de ser así ya estoy jodida, pues desde el inicio he expresado cada sentimiento, los besos insaciables, mil orgasmos, las sonrisas a todo volumen, las lagrimas convertidas en mar y cada vez que estoy entre tus brazos. No es un misterio que cada vez que el reloj marca las 11:11 mi deseo lleve tu nombre. Si esto fuese un error, volvería a equivocarme.

No eres lo que quiero

Ya la luna ha recorrido la tierra tres veces. Aquí sigo a oscuras, parezco Alaska y la noche polar. Mi corazón jura solo tener espacio para ti, mitiga el dolor para poder continuar su labor. Hay días en los cuales te recuerdo tanto que parecería estar sentada frente a un proyector, y aunque muera por pegarle fuego, no quisiera olvidarte.

El remanente de tus dedos me quema. La disponibilidad hacia ti, me aísla. Me encuentro mirando el celular con frecuencia con la esperanza de que me extrañes. La puta incertidumbre agoniza mi alma. Hoy estas, mañana brillas por tu ausencia. Siempre he dicho que quiero brillar por alguien que me escoja todos los días. Apagas mi luz, pero eres mechero por naturaleza. Un simple gesto y enciendes un bosque sin pensar en todo lo que terminará en cenizas.

No eres lo que quiero, pero mi corazón te necesita. Hay días en los cuales lo mando todo al carajo, maldigo tu existencia, aunque vaya en contra de mis creencias. Pero regreso a ese punto cardinal, solo para ver si ya me quieres un poquito mas. Para ver si has dejado de perseguir esas olas rizadas. Esperando a que te conviertas en Mida para que me transformes en oro y así a lo mejor logres ver mi valor.

Así de pendejo es el amor, me tienes cuestionando las enciclopedias y a la Real Academia Española. Me pides que te agarre de la mano, lo haría sin pensarlo dos veces, con toda la seguridad del mundo aunque desconozca el rumbo. No eres lo que quiero, pero mi corazón no puede evitar buscarte, aun cuando sabe que el tuyo bombea por cualquier cuerpo que te menea la cintura. Apuesto a que ninguna cintura se menea con tanta sincronía como la mía. Cuando estamos frente a frente hay otras curvas que toman la delantera, como la de nuestros labios. Tus manos parecieran detector de metal en playa abarrotada de personas. Aquí estoy, soy oro esperando a que la playa algún día se vacíe y me encuentres. Sabes que corres el riesgo de que alguien más me encuentra antes que tu, pero sé que no te quita el sueño, pues tienes un bolso lleno de metales. No eres lo que quiero, pero juego con la idea de que seas eterno y me quieras bien.

En busca de un poeta

Tu y yo somos sinfonía, la union de nuestros cuerpos crea armonía. No tenemos que subirnos a un avión para viajar, pues dentro de la cama tenemos un espacio sideral. Tu voz temblorosa provoca que mi entre piernas se convierta en El Río Nilo, las corrientes de agua son interminables y desembocan en tu boca.

Somos poesía sin poeta, componemos versos con el roce de nuestra piel. No hacen falta palabras que describan lo que tu y yo hacemos. Con una mirada bastaba para entender que nos comemos.

Estoy en busca de un poeta que pueda poner en palabras todo lo que somos, aunque para ti seamos lo que nos quita las ganas una noche a la semana. Para mi somos un poemario en espera de poeta. Tu y yo somos puro arte esperando a ser colgado en las paredes del "Louvre".

Quiero dormir de tu mano

Soy la personas mas cambiante que vas a conocer, esa que hoy tiene por color favorito el naranja y ya mañana pasó a ser el azul. También me cambio el color de uñas cada dos semanas porque se me hace aburrido tenerlas por mas tiempo. Como cada dos horas, por lo general termino con mas comida en mi ropa que en mi estomago. Soy volátil, sumamente volátil Digo todo lo que siento, en el momento en que lo siento. Mi diccionario tiene un repertorio de palabras malas, pues creo que expresan justamente lo que siento cuando dejo el dedo pequeño del pie en alguna esquina de la casa. No sé cocinar, pero sé nadar. No se cantar, pero puedo bailar. Aprecio mucho cuando alguien me enseña algo, pues lo atesoro para toda la vida.

Amo la playa, y me parece curioso como las olas siempre logran tocar tus pies no importa cuanto te alejes. Miro las estrellas para descifrar cuanto tiempo llevan mirándonos desde el cielo. Adoro los detalles, especialmente cuando me recuerdan a alguien, sin importar cuan pequeño puedan ser. Me gusta dejarle saber a los demás que en algún punto del día pensé en ellos.   Lloro todas las noche por frustración, porque me he perdido tanto durante el día que necesito recargar.

También soy la persona que muere por dormir de tu mano y despertar a tu lado. Aquella que ve la magia en todo. La que ve como te brillan los ojos al hablar de algo que te llena de pasión. Como bailas al comer. Como giras el anillo que llevas en la mano derecha cuando estas enfocado. La que sabe que cuando estas muy nervioso pretende leer algún mensaje de texto o correo electrónico. Amo como arreglas tu pelo detrás de tus orejas, aun cuando lo llevas amarrado. Me encanta hacerte reír y ver como se te forman los hoyuelos, aunque pasen por desapercibidos por la barba.

Esta es una de las tanta declaratorias de amor que te he hecho en 365 días. De pequeña me enseñaron a ser persistente y consistente. Contigo ya me he quedado sin maneras de que puedas ver todo lo que soy. Por ti correría la muralla China como ultimo intento. Pero por ti también me he quedado sin palabras. Me devolviste mi esencia pero te llevaste una parte de mi que creo jamas poder recuperar. Te amo con locura, pues por ti he perdido la cordura. Ojalá y me vieras como te veo. Ojalá me pudieses amar como te amo. Pero todos sabemos que de ser así, no estuviese aquí escribiendo sobre ti. Puede que en ves de ser una parte del libro tan cambiante como el clima, fuese una novela en la que se pudiese sentir un amor mutuo, en vez de unilateral.

¿Que hace una escritora sin palabras y que hago yo sin tu amor?

Mientras recorría las calles angostas de Capri, miraba a la luna y le pedía un amor de esos que se tatuara en mi piel, pero que retocara su tinta anualmente. Soñaba con tener a mi lado un Miguel Gane, que le diese eternidad a nuestro amor con las palabras. Alguien que no se cansara de mis manías, pero que encontrara amar cada una de ellas. Quería desnudarme frente a ti, pero que no solo viese mi cuerpo, también mi alma.

Que besaras mi piel, pero que te aprendieras cada lunar. Quisiera me dieras eternidad en un lienzo así como lo hacia Dali con su amor eterno. Pero como haces música y no pintas, con que me dedicaras una canción bastaba. Quería ser aquella persona a quien corrieras para la cosa mas tonta, así fuese para escoger la pintura de tu nueva casa.

Las veces que te ofrecía ayuda, era porque quería sentirme un poco mas cerca de ti. Quería ser esa persona que estuviese a tu lado en esta montaña rusa llamada vida. Correr el mundo de tu mano, así fuese al otro lado del escenario. No buscaba agobiarte con mi amor, pero si que me amaras libremente y le dieras vuelo a tus sentimientos hacia mi. No te niego que me hubiese gustado recibir un detalle de tu parte, así fuese un chocolate, de esa manera tenia por sentado que me pensabas lo suficiente como para saber cual es mi chocolate favorito.

A estar alturas no te has tomado el tiempo de saber cual es mi postre favorito. No sabes que antes de dormir le hago una oración al universo. Que bailo en el medio de mi sala cuando estoy muy estresada. Que me tomo una copa de vino diario mientras converso con la luna. Que el caminar por la playa me trae de regreso a la tierra y que mis lugar favorito son tus brazos.

¿Que hace una escritora sin palabras y que hago yo sin tu amor? No sé. Pero me dicen que en algún momento llegara alguien que quiera todo lo que soy sin la necesidad de estar recordándoselo constantemente. Alguien que tendrá detalles conmigo porque les nace. También llegar esa persona que me haga parte de sus días y no solo de sus noches o de algunos 15 minutos que tenga libre. Llegara alguien que me de todo lo que yo he dado, pero sin tener que pedirlo o dar nada a cambio.

Pixar

Picardía prominente.
Poca luz,
poca ropa.
Palpita el corazón.
perdiendo la razón.

Perfecto como pixar.
Pícaros los labios,
paseando besos,
partiendo de tu cuello.

Pixelada la mirada,
pinceladas en tu rostro.
Perfume sigue intacto,
perdimos el contacto.

Perduras en mi cuerpo,
prefiriendo ser memoria .
Posesivo deseo,
purifica la trayectoria.

Esperaba continuar
escribiendo este libro
un poco más
cada 31 de octubre.

terza parte.

luna sulla terra.

(Luna en la tierra)

Luna en la tierra

Solía pensar que la magia solo estaba en el cielo al sol caer. Pero el mirar tu cara me transporta a lo mas hermoso que pueda haber en el universo. Entiendo que no puedo arreglar el mundo para ti, pero puedo llenarte de tanto amor que cuando tengas que volar alto, llenes de flores tu camino e ilumines todo tu alrededor. Cuando he caído, me has ayudado a reconstruirme con tan solo sentir tu pequeña mano de la mía.

Ojalá fueses así de pequeñita toda la vida, para poder peinarte en las mañanas y que duermas cerquita de mi pecho en las noches. Eres todo lo que hubiese querido ser, serás todo lo que quieras lograr. Cuidaré de tus sueños y apoyaré cada idea descabellada que puedas tener.

La vida esta compuesta de momentos, personas y cosas. Vivimos día a día almacenando recuerdos, sin saber que en algún momento extrañaremos tanto algún momento que regresaremos buscando aquello que nos transporta a allí. En donde se detuvo el tiempo y todo esta intacto.

Desde que naciste intento capturar el pasar de los días a tu lado en fotos, en tu risa y ese gesto que haces cuando te molesta algo. Amo todo lo que eres y lo que soy cuando estoy contigo. Mi caja de recuerdos esta compuesto por ti, por tus primeras palabras, por el día que diste tus primeros pasos y cada mirada que me das antes de dormir.

Eres el amor mas perfecto que existe, también el mas puro. No pensé que se podía amar tanto, sin importar cuanto duela; siempre va a sobrepasarlo todo. Porque eres amor, eres mi persona favorita en todos los universos que puedan existir. Porque somos tu y yo en contra del mundo. Nunca quiero dejar de mirarte a los ojos. Por eso te llamé Luna, porque has sido luz en mi vida. Solo vivo para ti.

Cóctel de perlas

La tristeza es tan persistente que se ha convertido en un huésped en mi vida. La vida había perdido sentido, mis ojos no miraban las cosas con emoción, mucho menos con amor. Un día decidí ser yo quien terminara mi estadía en la tierra.Había querido retar a Dios, pues quien era él para decidir cuando llegaba, y cuando le iba?

Aquel cóctel de perlas blancas acompañado de whisky bajó por mi garganta.

El último pensamiento que recuerdo fue "no podré lograr algún sueño que años antes me había prometido alcanzar". Una luz brillante provocó que abriera mis ojos, no sabía si estaba soñando o había llegado al reino del cielo. Me perdí entre tanta luz, todo sonido parecía estar a lo lejos. La cabeza me retumbaba, y unas náuseas descontroladas provocaron que saliera corriendo al baño. No sabía si estaba soñando o si había abandonado el planeta Tierra.

Recuerdo que tomé el celular para pedir que me llevaran al hospital. No podía respirar, todo daba vueltas. Aquel cóctel no hizo su trabajo, tampoco me vino bien retar a Dios. Aquí estaba aún , en el planeta tierra con el mismo vacío y un dolor de esos que persisten como mosquito en el oído.

En el hospital me dieron la noticia más inesperada, había un latido en mi vientre. Aquel latido era tan fuerte como una cabalgata de caballos. Dios me dio una segunda oportunidad acompañada de una nueva vida por la cual luchar.

Por eso lleva de nombre Luna, porque aún en la oscuridad iluminó mi camino. Me salvó de todo mal y eliminó todo deseo de amanecer en el cielo.

Desde ese entonces dejé de buscar perlas entre tanta sal, y abandoné el whisky por una cerveza ocasional.

Por ella me perdí, por ella me encontré.

El cargar un ser humano en mi vientre durante nueve meses ha sido una de esas cosas que me ha cambiado la vida, el cuerpo, la manera en que veo el mundo y percibo a los que me rodean. Durante casi nueve meses estuve en cama, bajé alrededor de 50 libras, el estar frente a un "toilet" se convirtió en mi pasatiempo favorito, y ya casi podía tejer un suéter con todo el pelo que se me había caído.

Allí estaba, entre el dolor que tenía porque me acababan de cortar cinco capas de piel y la emoción por ver el rostros de esa criatura que pateaba mi vientre sin cesar. Ver ese cuerpecito pequeño por primera vez hizo que olvidara todo el dolor que había experimentado. Aquel momento en que la tomé en mis brazos provocó un aumento inexplicable de fortaleza en mi ser, sabía que de ese momento en adelante haría todo lo posible por mantenerla a salvo. En este mundo material lo único que tenia mío era esa pequeña que aún no abría sus ojos.

La maternidad es hermosa y dolorosa, todo al mismo tiempo. Nadie me advirtió que también puede llegar a ser muy solitaria. Noches sin dormir, te miras al espejo y por mas delgada que estes se queda una pancita que no puedes bajar, los senos te cuelgan, las ojeras toman la mayor parte de tu cara, y te hundes en pañales y ropa diminuta. Tu día va planeado alrededor de esa pequeña persona, ya que intentas a diario llevar una rutina de comida, siestas, juegos e intentas sacar tiempo para ti. El mantener un balance en tu vida parece imposible. Tus amistades se alejan y tú alejas a esos familiares que quieren que todo se haga a su manera y pretenden criar por ti sin pasar todos esos contratiempos que pasas a diario.

Cuando por fin tienes un ratito para ti, te quedas mirando la película animada que todavía corre en el televisor, cantas alguna canción infantil que no te puedes quitar de la cabeza o te quedas dormida, porque el cansancio te venció. Eso de hacer tus cosas, queda en segundo plano, porque tu pequeño/a se enferma y tienes que correr al doctor, porque se cayó en la escuela y te pide a gritos, porque tiene miedo y quiere que duermas a su lado.

Dejas de ser tuya, para ser de tu hijo/a. Hay días más fuertes que otros, porque nadie te había advertido que aunque lo/a cargaras nueve meses en tu vientre, terminaría pareciéndose mucho más a su papá, pero que también sacaría ese genio incontrolable que sin duda alguna es tuyo. Porque le gritas, y luego se te hace el corazón pedazos, y a la hora de dormir mientras pasas tu mano por su pelo lloras por que no puedes evitar sentirte mala mamá. Porque en ocasiones el dinero está un poco ajustado y no quieres que le falta nada, y eso te mantiene todo la noche dando vueltas en la cama. Porque el día fue tan fuerte que no tuviste tiempo suficiente para jugar, y te encierras en la ducha a llorar.

Pero de mamá a mamá, te digo que aunque el mundo se te venga encima, tienes la mejor inspiración y motor en frente. Porque mientras te sientes la peor de las mamás, ellos te ven como una super héroe. Porque aunque a veces se molesten contigo y pidan otra mama, al rato vienen a buscarte. Mientras te miras al espejo y te ves mil imperfecciones, ellos ven a la mujer más hermosa del planeta. Incluso cuando se sienten tristes o les ha pasado algo en la escuela, corren hacia ti porque tus brazos y tu olor son el mejor refugio, y hacen que todo esté mucho mejor.

Ya tendremos tiempo demás para lograr cada una de esas metas a la que llevamos aferradas por tanto tiempo. Nuestras ojeras desaparecerán, pero los momentos junto a nuestros hijos no regresarán. Por eso aunque hoy siento que en ocasiones me falta el aire, y que ya no puedo más, de todas maneras me levanto a diario e intento disfrutar cada cosa que hace mi pequeña traviesa. Eventualmente extenderá sus alas y emprenderá una vida por si sola.

Así que solo me resta decirte que podemos con esto y mas, porque de nosotras depende el futuro de esa criatura que nos agarra fuertemente con su pequeña mano. Por lo tanto aprende a ignorar comentarios y consejos que no pediste, tiñe su pelo azul si te lo pide, compra comida rápida de vez en cuando, déjalo que duerma contigo si así lo quieres, haz lo que tú entiendas que es mejor para tu hijo/a, al final del día recodarán todo aquello que hiciste por ellos y todas las veces que lo abrazaste en vez de reprocharle.

Tu y yo siempre.

quarta parte.

la vita è effimera

(la vida es efímera)

Bandera blanca en mi pecho

Se me acaba el aire, se me viene el mundo encima, y no se como detenerlo. Me encuentro con una nube estacionaria cubriendo mi ser y una tormenta eléctrica ocupado mi cabeza. Me pierdo en la distancia, son tantas las voces que no logro escucharme. Mi corazón bombea sangre a toda voz, aun así escucho con mas detenimiento al viento fuera de mi ventana. El dolor corre por mis venas, las lagrimas logran escaparse libremente por el canal de mi rostro.

La mayor parte del tiempo no logro entender el porque me siento de esta manera. Hoy estoy agotada, quiero colgar bandera blanca en mi pecho y decirme a mi misma que no puedo mas. La guerra que llevo dentro no logra llegar a su fin, aunque hay días en los cuales toma algún receso pasajero. Amanezco con el sol en frente y mientras va transcurriendo el día, sus rayos de luz van perdiendo intensidad.

Quiero detener el tiempo y poder reconocerme al mirarme al espejo. Tengo el alma cubierta, el corazón estrujado y la mente nublada. Quisiera gritarle al viento esta combinación de sentimientos, correr hacia el horizonte en busca de aquel arcoíris que en momentos parece ser inalcanzable.

Salió la luna a iluminarme, junto a las estrellas logran ponerle un poco de brillo a esta oscuridad que cargo. Sé que llegará el momento en el cual pueda colgar la tan anhelada bandera blanca en el pecho. Aquel campo de batalla interno se convertirá en uno lleno de amor y paz. Todos cargamos algún demonio que tardamos en domar, pero eventualmente saca sus alas y trae paz consigo. Sigo agotada pero recargando energía para volver a enfrentarme nuevamente a todo ese proceso interno. Cuando sienta que quiera darme por vencida, recuerdo lo lejos que he llegado y como he podido superar tanto a lo largo del camino. La esperanza nunca desaparece, solo que en ocasiones es nublada por todo lo negativo que me rodea.

Un ser de luz me dijo que lo mejor que Dios hizo fue un día detrás de otros, y no se equivocaba. Podemos con todo lo que se nos ponga en el camino y alcanzaremos aquel arcoíris que sale a lo lejos para mantener la Fe, la esperanza viva dentro de nosotros, y para llenarnos de fortaleza a diario

No quiero ser como la Princesa Diana

El mundo de ha tornado un poco mas crudo. Todos dicen ser transparentes, pero guardan mas de tres cajas de secretos consigo. Lo que antes solía hacerse con pasión, hoy día se devora como piñata en cumpleaños infantil. Amar es necesario, nos conserva ese lado humano, nos mantiene el corazón bailando, las pisadas se entre cortan entre las nubes y el suelo, el cerebro se mantiene como proyector en plena noche de verano. El deseo nos mantiene joven, provoca que la sangre corra con fuerza por nuestras venas.

Hoy me armé de valor, decidí dar aquel salto sobre aquel vinilo que toca sin detenerse. Aquella melodía sonaba a peligro, pero su sonrisa me persuadía. Quien iba a pensar que luego de tantos años y encuentros esporádicos fuese a surgir aquel deseo indomable que llevaba intentando ignorar. Dicen que hay aguas que no debemos probar porque no vamos a querer dejar de tomar. No sé como mirarte a los ojos sin perderme en ese color café llenos de pensamientos que te transportan a otra galaxia.

Pensaba que si nos envolvíamos entre sabanas y luego me vestía con la misma rapidez que me desvestías, los sentimientos no iban a surgir. Por algo huía tanto a tus proposiciones, porque sabía que una vez te tuviese tan cerca, todos esos sentidos se iban a exaltar y no iba poder contener el crecimiento de ese deseo que tiene pensamiento propio.

Quería fluir, inducirme en la casualidad y evitar el querer. Te juro quería hacerle caso a esas palabras "no te enamores de mi". Aquí estoy a un paso de sumergirme en esas aguas que temía solo porque su color negro no me permitían ver el fondo. No puedo evitar dejar salir la intensidad, ni la pasión.

Ya tengo mitad de cuerpo dentro y pude ver que parte de tu corazón residía en otro país. Aquel vinilo se detuvo y me encontré extrañando aquella melodía. Ahora sonaba distinta. La picardía se perdió y terminé sintiéndome como la princesa Diana, viviendo algo que no existía. Quería envolverme en tus brazos, pero hoy sé que alguien mas habita en ellos. Los sentimientos están aquí latentes, mientras para ti soy quien calma las calenturas repentinas.

No quiero ser como la Princesa Diana, que vive un amor de fantasía que solo existía en su cabeza. Aquel amor falso que le provocó una paranoia constante, que sintiera la necesidad de ser mas, cuando ella era un rosal entero.

Que puta manía la del hombre en querer envolvernos solo por comernos. ¿Por qué no nos comen con transparencia y esperan a que nos envolvamos a toda velocidad? Te he dado toda señal de que te quiero añadir a mis días, y lo has notado más de una vez. Pero tu decides pasear aquella morena, mientras soy yo quien termina en tus sabanas.

No quiero ser como la princesa Diana, quiero un amor real. Alguien transparente que pueda comunicar su sentir, que me haga sentir su deseo. Quiero un amor que se deje querer y me quiera. Quiero ser libre aun cuando tenga a alguien a mi lado.

¿Quién te tomará en serio luego de leer tus escritos?

Hace un tiempo me dijeron que el escribir tanto deja poco a la imaginación sobre quien soy realmente. También me dijeron que nadie podría tomarme en serio luego de leer mis publicaciones, que aparento ser toda una persona aventurera en esto de las relaciones interpersonales afectivas. Por otro lado no dejaron pasar la oportunidad para mencionar el hecho de que nadie querría estar conmigo porque terminaría en uno de mis escritos.

Si apareces en uno de mis escritos te aviso que deberías haber tocado alguna fibra en mi, o haber dejado un paso marcado en mi camino. Yo no necesito esconder algo, o dejarme ver a medias para parecer interesante ante ningún ser humano. Soy extrovertida, alocada, aventurera con un alma libre y difícil de domar. Escribo lo que siento, lo que sienten. Cuando quiero, porque puedo. Quien tema ser parte de mis escritos, simplemente que no se acerque a este mundo lleno de palabras. Si me lees para conocer mas de mi, lamento decirte que no vas a descifrar ni un pedacito de lo que en mi habita.

En este juego de la vida deberíamos enfocarnos mas en nutrir nuestra alma, en conocernos y ser quien queremos ser. Dejemos todos esos papeles ficticios a un lado y el estar juzgando el libro por su carátula. Vinimos al mundo para disfrutar de sus pequeñas maravillas. Fijarnos bien el los colores del arco iris, de las estrellas en la noche, enamorarnos del mar.

Al final del día quien quiera ser parte de mi, no temerá aparecer en uno de mis escritos. Se tomará el tiempo de conocer el universo que llevo dentro y no enfocarse tanto en mis palabras. No me importa como me veas, me importa como me siento mientras descubro pequeñas cosas en mi interior a diario.

Cuando el destino juega y las estrellas se alinean

De tantos lugares en el mundo, jamás pensé cruzar miradas con él en un lugar que suelo frecuentar. Fue una de esas escenas sacadas de película. Se sentía la tensión con solo mirarse, puedes ver ese deseo inexplicable de querer hablarle y no saber como hacer el acercamiento. En ese momento lo único que me salió decirle fue que se me parecía a alguien con quien había coincidido anteriormente. Benditas sean las mentiras piadosas y aquella sonrisa que no se comió la excusa, siguió la corriente y puso una tarjeta de presentación en mis manos.

No suelo invitar a extraños a salidas, pero recorrería Italia de tu mano. Aquellos ojos picaros, y el misterio de aquella media sonrisa me nublaron los sentidos. Allí estaba yo, lanzándome al vacío. Si les cuento que su sentido del humor es tan bonito, que se dejó ver en un intercambio de mensajes. Siempre digo que quien me haga reír, se gana mi corazón. Lo crean o no, acá estoy sonriendo mientras escribo esto porque solo puedo escucharlo a la distancia decirme "si bobis", que frase para irritarme y derretirme al mismo tiempo. Amo su inteligencia y la determinación con la cual recorre el mundo.

Llegó el día en el cual me iba a encontrar con aquel extraño que no se me escapaba del pensamiento. Los nervios eran tantos que las palmas de mis manos estaban todas frías y tenía el estómago revolcado, mis órganos bailaban al son de bomba y plena. Todo transcurrió tan bonito y natural que mientras él me contaba sobre su vida, yo le hablaba a la luna.

Al final de la cena nos encontrábamos bajo la luz de la luna, cuando de momento sentí el calor de sus labios sobre los míos, su mano encontró el camino hacia mi cintura y mi temperatura corporal se elevó sin freno. El intercambio de saliva se tornó adictivo, y cada vez un poco mas intenso. Aunque les confieso que creo que iba mucho mas allá de lo carnal. Era como si nuestras almas se hubiesen entrelazado y ni siquiera nos habíamos desvestido.

Confieso que me tenía caminando en nubes, cada cosa que hacia me elevaba aún mas. Tenía una mirada penetrante, de esas que logra encontrar los planetas que habitan en lo mas profundo de tu universo. El misterio detrás de su sonrisa me intrigaba, quería poder descifrarle un poquito mas después de cada beso. Como diría mi abuela, "esta como te lo recetó el doctor". La serpiente era una pendeja tratando de provocar a Eva para que se comiera la manzana, aquel extraño que tenía en frente habría provocado que dejara el árbol sin una sola manzana.

No creo sea amor, pues no le conozco hace mucho. Sé que vino a cambiarme la perspectiva ante el romanticismo. LENTO camina, pero pisa firme. Camino como pura diosa del Olimpo mientras Zeus solo tiene ojos para mi. Me ha dejado saber que estaba aceptando muy poco, que aún hay personas que me miran como si fuese el truco de magia mejor creado. Pasarla bien a su lado dure lo que tenga que durar. Si fuese cura provocarías que abandonara los hábitos.

La tensión sexual se siente desde que nos miramos, entre sabanas no hay lunar que me deje sin besar. Gimnasta de olimpiada soy al sentarme encima de él, oye, pero ganando medalla de oro. Me vuelvo en mar cada vez que sus manos recorren mi cuerpo. Los orgasmos son como las fiestas de Ibiza, interminables. Ese "mami" susurrado a mi oído provocan que me convierta en una leona, hambrienta y excelente cazadora. Creo que ya pueden entender que la química sexual no está ausente. Sin olvidar la manera en que me mira cuando le leo alguno de mis escritos; eso si tiene el poder de mojarme las panties sin la necesidad de tocarnos.

Podría sentarme acá y dejarles saber todas las razones por las cuales intento internalizar la idea de que en unos años terminaré en un convento. Pues el creer en el amor se ha tornado algo un poco difícil de digerir. Aquella que secretamente está esperando a que salga a luz alguna bandera roja. Pero prefiero decirles que soy una romántica empedernida, aquella que no ha perdido la fe, la que cree en las conexiones, y en que la luna nos concede algún deseo de vez en cuando.

Definitivamente no nos encontramos por casualidad, el destino jugó a nuestro favor y las estrellas se alinearon para que nuestras almas se encontraran este en el plan terrenal.

"resta con me"

Oro al final del arcoíris

¿Quién soy? Me hago esa pregunta al menos dos o tres veces al día. No lo sé, dos veces de hacerme la pregunta siento mas cerca de la respuesta, a la tercera recuerdo que seré mucho mas de lo que soy. Mientras tanto me disfruto el proceso y el ahora. Que todo fluya y nada influya.

Todo lo que quiero lo lograre subiendo, pero también cayendo de vez en cuando. Sin olvidar que para crecer, hay que caer, para luego levantarse con mas fuerza. El cielo se puede pintar de negro y estar cayendo, pero escojo el arcoíris, tarde lo que tenga que tardar. Al final del día siempre es razón de una sonrisa en un rostro apagado.

Soy yo, en ocasiones una versión en busca de todo, en otras su mejor versión: esa que no deja que nadie apague su luz. Al final del día, como un buen amigo me dijo; "somos un mosaico de todas nuestras vivencias". Al final el poder esta en nuestras manos, el poder de decidir. Tomaremos todo lo que nos pasa como algo para crecer, o algo que nos agobie de por vida y nos detenga el camino.

Siempre intento tomar la decisión que aporte a mi vida, la que me recuerde que los milagros sin llegan, y que los deseos se cumplen. No les niego que hay días en los cuales una nube llena de agua se queda estacionaria sobre mi. En esos días los pensamientos negativos no logran escaparse. Pero soy luz, creo en mi y en el poder del universo. Todo cae en su lugar, viene con enseñanza y sea cual sea el resultado, al final me que claro que fue algo que aporto a mi vida y a sin duda alguna a la "yo" del presente. Brillamos como un caldero lleno de monedas de oro al final del arcoíris. No importa cuan gris seamos, siempre somos magia ante los ojos de las personas correctas.

Resurjo en la luna

No siempre la sonrisa que acompaña nuestro rostro realmente refleja lo que guardamos en el interior. La mayor parte de las veces arreglamos nuestro físico, simplemente porque no sabemos como comenzar con nuestro interior. Vamos guardando todo ese sentir en cajitas, luego las vamos almacenando y ahí las dejamos que cojan polvo. Nos decimos, "deja que resuelva esto, y ya luego acomodo todo eso que duerme en lo mas profundo de mi ser". Mentira, continuamos poniendo cosa sobre cosa. Al final del día hemos recolectado tanto que tememos a abrir la puerta, no sabemos que se pueda caer y romperse.

Pertenezco al mar, cada parte de mi fluye con las olas, cuando rompe en la orilla suelta un bolso de letras. Son tantas, que se pierden entre la arena y las huellas que dejan todos los visitantes. El viento a veces sopla con tanta fuerza que me corta la voz. El sol me quema, y la luna me reconforta. Me vuelvo océano, y vuelvo a renacer en cada palabra que escribo.

No se cuando, ni como me perdí. Solo sé que le he dado tanto de mi a los demás, que ya solo me queda mi nombre. Eso ya mismo también deja de ser mío, para ser de todo aquel que me lee. No creo parecerme al ave fénix, pues no resurjo entre las cenizas. Me parezco mas al amanecer, día tras día me levanto con nueva esperanza aunque al final del día parezca que me apago, sencillamente resurjo en la luna.

No soy lo que ves, ni lo que lees. Soy un libro lleno de historias, que decide cual compartir y cual dejar archivada. Al final la batalla interna la gano sola. Mientras los invito a que brindemos por la vida, por lo que no contamos y por lo que está por llegar.

Aquí reside cada pedacito de mi.

Para toda la vida.

En la eternidad.

quinta parte.

le voci di Maelo

(las voces de Maelo)

A todo ser que lee y escribe, porque la Literatura es el
reino en donde nadie muere.
A todos los que aman con locura, pierden la cordura y vi-
ajan a otro planeta.

- Maelo Vargas

Mía entre comillas.

Todavía espero,
el momento que te vea,
el instante que me veas,
se incita el desespero.

Anhelo el día,
el lugar y la hora,
en que seas "mía",
y sí,
mía va entre comillas.

Yo sé que nunca serás de alguien,
porque tú no eres trofeo,
eres alegría rampante,
eres todo lo que quiero.

Solo quiero decirle,
que, aunque usted no me convenga,
y mi mente me detenga,
mi corazón anhela tenerle,
al oído susurrarle,
que la esperaré.

Libre.

Mujer,
tan imperfecta que te encuentras.
Mujer,
malaventurada en la vida.
Mujer,
libre como las rimas,
de éste, tu poema.

Por ti mujer,
seré el mejor.

Niña,
cándida hija del imperio.
Niña,
portadora de armas y escudos.
Niña,
gentil, lista y humilde.

Por ti niña,
agradezco a Dios.

Guerrera,

de batallas en tu mente.

Guerrera,

de batallas carnales.

Guerrera,

de batallas en tu interior.

Por ti guerrera,

no me importa el dolor.

Pensadora,

de problemas inauditos.

Pensadora,

de escritos aún no escritos.

Pensadora,

de la revolución que llevas y no sabes.

Por ti pensadora,

pienso en el amor.

Libre,

para tocar el viento.

Libre,

de llegar a la Luna.

Libre,

de ser mujer.

Por ti,

mujer, niña, guerrera, pensadora,

contrapongo mis instintos,

pues sé que mía nunca serás,

eres un ser maravilloso,

hermoso y especial,

pero sobre todo,

libre.

Libre te dejaré,

para que embellezcas el mundo,

y se contagie un poco de tu enfermedad,

esa de ser tuya y de nadie más.

Mi hija

No puedo negar que siempre que lo pienso,
me imagino con un hijo, un hijo varón.
Pero si tengo una hija,
creo que sería mejor,
porque las mujeres son:
"los seres con más fervor".

Y no lo niego, cuando pienso en mi hija,
tengo mucho temor,
porque no quiero que sea de esas...
que se dejan llevar por el corazón.

No quiero que sea de esas,
que lloran por cualquier razón:
porque "mi ropa se manchó"
o
"mi muñeca se rompió".
¡NO!
Que sea de esas que:
se cayó y se levantó,
y que no le importe,
cómo el espejo la juzgó.

Que no sea una romántica,

que no persiga a un macho, un varón,

que sea autodidacta,

que ame el arte con pasión.

Quiero que en su juventud,

esté llena de ímpetu,

aunque tenga que aflojarse el pantalón...

No quiero que llegue a los treinta,

aún llevando la cuenta,

de lo que pasó y no pasó.

Me la imagino bohemia,

no me lo niego,

la veo en una casa,

con muchas flores

y paredes pintadas,

el aire apesta a cigarrillos,

pero su corazón...

está complacido.

Quiero que mi hija sea bien

(hija de la gran) puta,

de esas que me rompieron el corazón.

Para así estar seguro,

que el suyo,

no venga un chaval a romper,

de esos, como lo fui yo,
uno que solo quería joder.

En fin...
quiero que cuando muera, no llore,
ni una gota ni un río,
que recuerde que,
después de Dios,
yo le di libre albedrío.

Quiero que encuentre el verdadero amor,
otra alma llena de pasión,
que tenga hija propia,
y cuando pregunte por mi,
diga sin ningún rencor:
"Él no fue buen padre,
él fue el mejor."

La Oda del *"Hola"* que Calla y Folla

"Carpe Diem" decía al despertar,
"Carpe Noctem" al ir a descansar,
una rutina que no cumplía,
con mi deseo de sanar.

Y cuantos años han pasado,
con sus vivencias y aventuras,
y he aquí yo pensándolos,
sus grietas y baldosas,
rejodiendo las coyunturas,
creadas por travesuras.

Y que imagen tengo,
de la más activa de las Muipú,
que rayado me dejaba,
mis lágrimas sacaba,
cuando la tenía en parte,
pero nunca a plenitud.

Y vivamente recuerdo,
a la de las más grandes,
Ladelás,
que me probó en la juventud,

que me enseñó a vacilar,

a no ser ni yo ni tú,

solo nadie en particular.

Difícil de olvidar es,

la desgraciada,

Lamaspén,

la que en un vaivén,

y noche agraciada,

dejé de perseguir,

y así, de subsistir,

con el corazón al revés.

Hace poco conocí,

a la última de esta racha,

en una noche borracha,

de Luna sin frenesí.

No se compara con el ímpetu,

de la Muipú,

ni con el volumen,

de Ladelás,

ni con el genio,

de Lamaspén,

y quizás con esto en mente,

la refiera Nosequé.

Pues la Mui me recuerda a Sabina,

y Delás al Serrat,
y Maspén al Kutxi,
mas Sequé es a quién busco,
y es de todos, mas no mía.

Y de las todas y las muchas,
o las pocas y demás,
siempre me sacio el vicio,
antes de ir a acostar.
Y llevo unas semanas brumosas
brincando de cama en cama,
buscando hogar en cada una,
y ninguna de ellas, calurosa.

Y salgo por las noches,
para todo observar,
una calá,
una cachá,
una borracha,
un chachachá.

En las madrugadas el pensar,
que ya me hastié de estar,
de llorar para mamar,
de pagar para follar,
de sufrir para escribir,
de morir para vivir.

Al final todas mis desaventuras,
empiezan con un "hola",
y "como aquél que calla, otorga",
me quedo en silencio en la bajura,
y me desvelo para terminar esta oda,
la oda del "hola" que calla y folla.

Guapa

Hola, Guapa.

Hace mucho tiempo que no hablamos, hace mucho tiempo que no te pienso, hace mucho tiempo que no te escribo. Aunque no lo creas, no es por falta de ganas; sino por una misteriosa inhabilidad de poder concretar mis pensamientos para plasmar mi sentir. Llevo varias noches sin dormir tratando de encontrar una cura a este insomnio y creo que por fin puedo esclarecer el asunto.

Esto no es una carta de amor, Guapa.

Recuerdo cuando te conocí hace diez años como si fuese ayer. Jamás había visto a un ser que me hiciera sentir de la manera en que lo hiciste tú. Nunca me había enamorado porque no sabía lo que era el amor, pero tú cambiaste eso; y a la vez me cambiaste la vida. Fuiste la primera chica a la que le dije guapa, Guapa. A su vez, tú me brindaste cariño y compañía, por más inconsistente que fuera. Yo traté de darte todo lo que tenía, pero fue imposible. Hasta ese momento tú me habías dado todo lo que tenía, así que no te lo pude dar porque ya te pertenecía. Esa realización me tomó más de una década comprenderla; pero hoy duermo más tranquilo al poder comprenderte mejor. Hoy te veo con otros ojos. Ya no me quedo perplejo al mirarte a los ojos, ya no se me eriza la piel cuando te escucho, ya no ocupas espacio por tiempos prolongados en mi cabeza. Fuiste la primera que me dio amor, Guapa; por eso siempre te estaré agradecido.

Recuerdo que te conocí hace ocho años en el mejor verano de mi vida. Llegaste de repente, sigilosa e incandescente. Aún éramos jóvenes, no sabíamos qué queríamos, a dónde iríamos o cómo lograríamos nuestros sueños; pero nos teníamos, y juntos encontraríamos la respuesta. Ya tenía una idea de lo que era el amor, pero, nuevamente, fuiste tú, Guapa, la que me mostró mi amor por la música. Encontraba fascinante la manera en que te perdías en tu propio mundo cuando escuchabas una canción que te gustaba. Tu sonrisa brillaba con la fuerza de cien soles cada vez que me mirabas sorprendida, cuando te dabas cuenta de que estaba cantándola contigo. Guapa, eras impresionante. Juraba que eras el amor de mi vida. Pero el verano se acabó, y con el partiste. Lloraste esa última noche de julio, y fue ahí que supe que me quisiste tanto como yo a ti. En ese momento supe que lo que vivimos fue real, por más efímero que haya sido. Partiste a buscar lo que querías, a ir donde te placiera y a lograr tus sueños. La vida no ha sido buena contigo, Guapa; pero aún vives en mis memorias: dulce, solemne, pasional, luchadora, y obviamente, eternamente guapa. Te agradezco el dolor que tu partida me trajo, pues me hizo más fuerte.

Te estoy agradecido porque más que nuestro amor, me obsequiaste un amor más fuerte; el que le tengo a la música.

Recuerdo como te conocí hace seis años. Ya había amado y sufrido bastante, pero nada comparado a lo que habías sobrellevado tú. Me llamó la atención lo parecido que éramos el uno con el otro, Guapa. Que nuestra manera de ver la vida era distinta a los demás. Por más cínicos que nos hayamos convertido, siempre buscábamos darle todo nuestro ser a los demás; porque sabíamos lo mucho que duele el sentirse vacío. Ya mi arsenal constaba en el amor que tenía para dar y el amor por la música. Sin embargo, tú, siempre lista para sorprender; causaste que yo mismo descubriera y desarrollara una nueva forma de amor, el amor a la escritura. Para los tiempos que no te hablaba, Guapa, te escribía. Fuiste mi primera musa. Las incontables horas que pasé dedicándote palabras han sido una de las mejores inversiones que he podido hacer en la vida. Te convertiste en mi fiel compañera, siempre ansiosa de ver que invento nuevo se me ocurría y siempre impulsándome hacia las nubes. Me amaste como nadie me había amado antes; y lo digo sin temor a equivocarme, te amé como nunca lo había hecho y como nunca lo he vuelto hacer desde entonces. Todo lo bueno termina; pero nunca te he guardado rencor. Te agradezco porque nos amamos con el mismo fervor de ese que aparece en los filmes que te gustan. Te agradezco porque me hiciste mejor músico y porque gracias a ti soy escritor. Te agradezco porque me rompiste el corazón, quebrantaste mi espíritu y me hiciste comprender que lo que una Guapa te da, una Guapa te lo puede quitar.

Recuerdo cuando te conocí hace unas semanas, Guapa. Llevaba años siendo esclavo de mis memorias, llevaba años sin escribir algo que tuviese un verdadero significado. Me bastó con tener una conversación contigo para saber que de ti escribiría; pues por supuesto, eres tú, Guapa. Esa semana fue una intensa; y desde ahí creo que comienza el asunto del que te hablaba al comienzo.

Te recordé, guapa, y cómo me enseñaste lo que era el amor.

Te recordé, guapa, y cómo me enseñaste lo puro del amor a la música.

Te recordé, guapa, y cómo me enseñaste lo que tenía dentro y como

plasmarlo en letras.

Te recordé, Guapa. Te recordé porque, otra vez, me obsequiaste con algo

que no había tenido antes; amor propio.

Te recordé porque con tan solo hablar contigo, después de tantos años, volví a redescubrir lo que es el amor, lo que es amar la música, lo que es amar la escritura y lo que es amarme a mi mismo y a la vida que llevo. Te recordé porque, aunque dije que te conocí hace unas semanas, pienso que esa no es la mejor manera de explicarlo. No lo veo como que te conocí, Guapa; sino que recordé cada instancia, cada versión y cada vida en dónde nos hemos encontrado. Cada cosa nueva que me dices, cada acto que haces y cada obsequio que me das con tu tiempo y compañía lo veo como recuerdos gratos que me han marcado y desarrollado en el camino. Por eso estoy agradecido contigo, Guapa, pues gracias a ti es posible que por fin pueda matar de una vez y por todas al olvido que siempre se acuerda de resucitar.

Esto no es una carta de amor, Guapa.

Este soy yo, dejando plasmado en letras lo que me agobia la mente y el alma; de manera terapéutica y fugaz. Esto es para ti, porque sé que cuando lo leas sabrás que es para ti; mostrándote un poco de mi para que sientas, al igual que yo, que no me estás conociendo, sino me estás recordando en este tiempo imperfecto.

A Dios: Por Todo (Él sabe lo demás)

A Mamá: Por darme vida, guiarme en el camino correcto y ser mi fanática número uno.

A Papá: Por regalarme el don de la redacción y el amor por la escritura.

A Lei: Por ser un rayo de luz, creer en mi y darme la oportunidad de compartir páginas sesta parte.

libertá.

(libertad)

Perdiéndome, me he encontrado.

Puta soy por quererme

Por décadas hemos tomado las calles y nos hemos hecho sentir. Intentan reducir el tono de nuestra voz, pero unidas logramos un tono que retumba en cada vitrina que pasamos. Unidas hemos logrado votar, dejar en el pasado esa frase machista que dice "el hombre es quien se pone los pantalones", porque nosotras también los tenemos bien puestos. De la mano, hemos podido lograr adquirir gran parte de nuestros derechos y libertad, aunque todavía nos falta mucho por recorrer, no es ningún misterio que queramos equidad.

En esta batalla no podemos olvidar que nuestra sexualidad está siendo señalada a diario. Hablamos de sexo y automáticamente somos "putas", "cueros" o "una cualquiera". Hablamos de alguna posición sexual y automáticamente somos acosadas porque creen que lo estamos pidiendo. Nos masturbamos, pecamos. Llevamos ropa ajustada y nos pueden violar porque los excitamos. Pretenden que mientras el hombre puede alardear sobre el sexo de la noche anterior, puede acostarse libremente con quien desee y se masturben porque llevan varias horas sin sexo, nosotras simplemente nos debemos a una persona en específico, tenemos que callar nuestro sentir y esconder nuestra sexualidad.

Somos seres sexuales, con sentimientos y necesidades. Tenemos derecho a la exploración, y a conocernos. A saber lo que realmente se siente un orgasmo provocado por nuestras manos, un juguete sexual y un compañero consensual que se tome a la tarea de conocer todo aquello que nos hace explotar de placer. Son temas que se deberían normalizar, porque la sexualidad es algo inefable y sumamente natural. ¿Por qué tenemos que quedarnos con dudas? ¿Por qué tenemos que quedarnos con un compañero/a que solo busca su propio placer?

Dejemos el tabú. Digamos no a la represión y si a masturbación femenina, ya que es algo sumamente normal, no solo es placentera sino que tiene beneficios, como: el aumento en nuestro bienestar, reduce el dolor menstrual, nos ayuda a conocernos y por consiguiente a disfrutar mucho más el sexo, reduce los niveles del estrés y mejora la salud. Tomemos en nuestras manos la libertad sobre nuestra sexualidad, compartamos experiencias y hablemos del sexo sin miedo a que lo tomen como una indirecta. Conozcan su cuerpo, tóquense sin culpabilidad alguna, de esa manera podrán decirle a su compañero/a lo que les gusta, lo que no, y como ayudarlas a lograr orgasmos explosivos y placenteros.

Te amé tanto que me perdí.

A veces me pregunto que hago aquí. No entiendo el porqué de la mayor parte de las cosas que me suceden. Me pregunto constantemente a donde llegaré. Tampoco sé si todo estará bien, pero luego de un mal día me lo repito algunas cien veces.

"Lei, todo estará bien".

El camino ha sido largo, mis manos no le encuentran el ritmo al teclado, mis labios han olvidado cómo pronunciar el abecedario. He cambiado el té por el café y las noches son mis mañanas. Extraño el sol y quiero dejar de mirar a la luna. Ya no sé como nadar, a menos que no sea en un mar de lagrimas. El arco iris perdió su magia, pues ahora solo aparece cuando el día esta soleado y no luego de una tormenta de lluvia.

Mi voz se ha apagado, he estado al borde de la locura y eso es mucho decir para alguien que ha perdido la cordura y terminó creando su propio planeta. Las estrellas están a mil años luz, pero probablemente puedan ver con mas claridad lo que soy, lo que cargo y el porque no me puedo alejar de tu lado. No hay que ser científico, ni necesitar de un microscopio para ver que mi pupila se delata cuando te tengo en frente. Tampoco se necesitan de todos esos términos científicos para explicar como me enciendes, como me erizas la piel, como mi corazón palpita con más fuerza cuando te acercas, como amo tu olor y como ayudas a la liberación de dopamina.

Me perdí en tus brazos, en tus labios, en tus ojos, en tu cama, en la cocina, en la cabaña, en mi sala, en cada lugar que me hiciste el amor. Me entregué a ti en cuerpo y alma. No me había percatado que cada vez te dejaba un pedazo de mi. La inseguridad se apoderó de Lilith y eso provocó que perdiera su papel principal. Todos sabemos quien corre el infierno. También sabemos que Lucifer solía ser uno de los ángeles mas hermosos pero el querer tanto provocó que lo sacaran del cielo.

Asi me encuentro contigo, en ese constante viaje entre el cielo y el infierno. Juro que tanto cambio de temperatura provocará un resfriado de esos que solo se curan con el tiempo. No hay medicina para un corazón roto. Eso es otra cosa que solo se cura con el tiempo. No sé como dejar de correr a tus brazos. No sé como dejarte en el pasado. Quiero que seas mi presente, mi ritmo del teclado, el té a todas horas, quiero que me recuerdes las letras del abecedario.

Quiero tanto, que a veces olvido que ni siquiera llegarías a la torre por mi. Le temes tanto a los dragones que no harías ni el mínimo intento. Creo que en realidad le temes a lo real, y prefieres todo lo pasajero. No te culpo, pero tampoco puedo seguir el libreto, ni compartir mi croissant en las mañanas. Necesito todo o nada. Alguien que me agarre de la mano, alguien que baile al son de salsa, bachata o vals. Al carajo el miedo, al ahora el todo.

Te amé tanto que te me perdí.

Me perdí tanto que olvidé que el arcoíris suele brillar mas en días soleados, para recordarnos que aún en los días mas nublados todo vuelve a brillar.

HJ, abriste camino a que Lei entendiera que todo aquello por lo cual no la tienes a su lado, es lo que ella realmente ama de su ser.

Ya no le pido a la Luna que susurre mi nombre en tu oído, pero si que seas feliz aunque no sea conmigo.

Gracias por todo, gracias por tanto, gracias por nada.

Somos libres y a veces lo olvidamos

Creo que cada persona que entra a nuestras vidas tiene un rol, y un propósito. Cuando logran ese propósito, se van y te dejan una lección, y una huella. La vida se trata, de abrir y cerrar capítulos; de crear memorias que nos vayan formando en la persona que queramos ser.

Vivimos de recuerdos, sueños y deseos. Somos seres libres, aún así muchas veces decidimos atarnos a cosas, y personas que no son para nosotros, ni traen felicidad consigo. Lo sé, no hay felicidad absoluta, pero si fragmentos de felicidad, que si los vamos uniendo, poco a poco nos hacen ser seres libres y llenos de amor.

¿Por qué limitarnos?

Somos capaces de obtener todo y nada. Esta en nosotros el romper barreras, y todos esos estigmas sociales que pretenden mantenernos atados. ¿Por qué vivir por un libreto? Tenemos un lienzo nuevo cada vez que sale el sol. Somos seres libres y lo olvidamos. Olvidamos amar con locura y sin ataduras, llorar hasta que no salga una lágrima más, reír hasta que nos duelan las tripas, cantar y bailar como si no hubiera nadie a nuestro alrededor, y gritar hasta que nos pongamos morados.

Deberíamos hacer todo aquello que nos aumenta el ritmo del corazón con solo pensarlo, deberíamos ir tras aquella persona que provoca mil sensaciones con solo verlo, y brincar al vacío de vez en cuando. Las lecciones están en todos lados, al igual que las memorias. La vida es solo una, y deberíamos hacer todo aquello que nos llena, darle paso a todas esas personas que vienen con un propósito y de igual manera abrir la puerta para que salgan todas aquellas personas que no quieren esta allí. Digamos "no" cuando no queramos hacer algo, y "si" a los cuatro vientos cuando el alma así lo sienta. Los años pasan igual de rápido que una brisa en verano, como para quedarnos con las ganas de besar y decir "te amo" al causante de sus insomnios, e ir tras ese sueño que no puedes sacarte de la cabeza.

Señales que nos envía la vida

Así como hay personas que nos ayudan, de vez en cuando la vida también nos da la mano. En muchas ocasiones nos envía señales de manera atípica. A veces, lo ignoramos, o lo tomamos como una simple coincidencia. La vida está en un constante juego; trata de quitarnos y ponernos personas en nuestras vidas, llevándonos a embarcar nuevas aventuras, trazándonos los caminos que debemos recorrer.

Usualmente nos agarramos con tanta fuerza a algo en específico, que ignoramos todas esas señales, aún cuando vienen gritando hacia nosotros. En mi caso son las mariposas. Las mariposas tienen una manera peculiar de dejarme saber que debo ir despidiéndome de alguien. No, no necesariamente es que la persona va a dejar este mundo. Muchas veces es que ya han cumplido su propósito en mi vida, y están a punto de emprender una nueva aventura de la cual no seré parte. Son majestuosas y misteriosas, se pasean por el aire y al estacionarse en algún lugar, entiendo que me están dejando saber que debo descifrar quien es la próxima persona que dejará mi vida. ¿Extraño no?

Para ser honesta pienso que las señales están en todos lados, hasta en nuestros sentimientos, y las extrañas sensaciones que experimentamos a menudo. Deberíamos prestarle un poco más de atención a todas aquellas pequeñas señales, porque en ocasiones mientras estamos aferrándonos a algo, estamos evitando que se abra una puerta que contiene algo deseado. Dejemos que la vida continué jugando y nos lleve por el camino que muchos llamamos destino.

De prisa y sin freno

Día a día vamos caminando de prisa y sin freno. Dejamos por desapercibido que solo vivimos una vez, y que lo mejor que tenemos es el ahora. Nosotros tenemos en nuestras manos un universo de probabilidades, posibilidades, y una vida que nos permite cometer errores. Damos oportunidades más de una vez, aunque nos digamos que más de dos no se la daremos a nadie; tú y yo sabemos que no es cierto.

La vida está hecha para que cometamos errores, y aprendamos de ello. Para que dejemos la estructura social a un lado, y andemos sin rumbo con las alas completamente extendidas. Para que nos dejemos llevar por el viento, la intuición y ese amor que nos mueve el suelo, el corazón, el cuerpo y el cerebro.

Hagamos todo como si fuera nuestro último día en este planeta y quisiéramos llevarnos memorias que podamos repetir una y otra vez en nuestra cabeza, y que al final nos siga causando la misma sensación. Besemos a quien queramos, porque no sabemos que historia pueda provocar la unión de un par de labios.

"eres muy intensa"

La puta manía de no hablar con honestidad y esa de confundirnos con acciones en algún momento nos lleva por el camino que deberíamos evitar a toda costa. Sé que también algo de culpa cae sobre nosotros, vemos todas esas banderas rojas y las ignoramos por ese moreno que nos trae de cabeza. Si son como yo que hablo sin filtro y demuestro todo lo que soy como un arcoíris al final de una tarde lluviosa, automáticamente nos tildan de "intensas". Todos mis colores salen a la luz de sol, ignorando el hecho de que no todo el mundo podrá entender mi alma extrovertida, libre y alocada, mucho menos mi apetito sexual.

Llevo lidiando con hombre egocéntricos, machistas, narcisistas y controladores toda una vida. Siempre buscan minimizarnos, o simplemente sienten que tienen tanto en sus vidas que no pueden con todas nuestras facetas. Ahí vienen las excusas, la falta de esfuerzo y ganas. Estoy clara en que no tenemos química con cada persona que nos atrae, pero en momentos así deberíamos utilizar las palabras y mantener la comunicación abierta.

¿De qué nos vale mantener a alguien a nuestro lado si no los incluimos en nuestros planes? No, no hablo de planes importante como el matrimonio o comprar una casa, me refiero a planes prematuros como por ejemplo añadirlo a tu tiempo libre. Estoy cansada de todos estos lobos vestidos de príncipes, de todo esos hombres indecisos, y también de los cobardes. Porque hoy se lo que valgo y lo que merezco. No necesito me estén limitando, mucho menos justificando su ausencia con "eres muy intensa para mi", "no tengo tiempo", o la clásica "no eres tu, soy yo."

Hoy me cierro a todo aquello que me resta, y dejo de esconder quien soy por miedo a que se vayan. Al final de día seguiré hablando hasta por los codos, continuaré comprando cosas que me recuerden a alguien especial, me comeré aquello que deseo, bailaré en mi sala en ropa interior con copa de vino en mano, te diré justamente lo que siento cuando lo siento y no dejaré de escribir todo lo que mi alma sienta la necesidad de liberar.

Leinelmar.

Ha sido un largo recorrido. Una y otra vez cuestionándome cual sería mi papel en esta vida. Recorrí bosques llenos de espinas, pero al final siempre encontraba un cielo azul con un brillante arcoíris o un cielo estrellado acompañado por luciérnagas de luz.

Olvidé que para ser feliz tenía que ser real a mi, olvidé que tenía que llorar para poder recargar, en que habían días en que necesitaba desconectarme para poder regresar a mi. Para ser honesta olvidé el camino. Me enfoqué tanto en ser Lei, que olvidé que Leinelmar era sinónimo de libertad.

Libertad acompañada y libertad en soledad. Leinelmar aprendió a amar su espacio, a quererse con paciencia y a soltar todo aquello que obstaculizaba su crecimiento.

Evolución, pasión, magia y cordura...esas palabras son prácticamente su Biblia. Está en contante evolución. Marcha con pasión. Ve la magia en todo, pero también va perdiendo la cordura en su caminar.

Si han llegado hasta aquí saben que Lei fue creada para que Leinelmar pudiese cuidar un poquito mas de si misma, incluso cuando todos creen conocerla, ella guarda mayor parte de su magia en su interior, en las ganas que tiene de crear, en la fuerza con la que ama y en el llanto que la libera de caer en un planeta inhabitado y perder por completo su cordura.

Cartas abiertas...

Mi Luna en la tierra,

Por ti y para ti soy. El amor más genuino del mundo lo conocí contigo. Eres mucho más de lo que pude imaginar, te miro y veo magia en tus ojos. Tengo tanto que decir que lo voy a resumir con; por ti vivo, sin ti me falta el aire. Que me falte todo en esta vida menos tú. Juntas por siempre y para siempre. Tú y yo contra el mundo. Iluminas mi vida. Mamá estará aquí siempre para amarte, apoyarte e ir contigo hasta el final del mundo. Todo lo puedes, todo lo eres. Me has enseñado mucho mas de lo que te he enseñado yo a ti.

Hector Joel,

Contigo volví a amar. Encontré mi brillo. Dicen que en ocasiones llega la persona correcta en el momento incorrecto. Ojalá hubiésemos coincido en el momento perfecto, en el cual todo lo que hiciera falta fuese tenernos. Hoy entiendo que lo único necesario es el escoger florecer juntos, así que como lo hacen los girasoles en pleno verano. Me regalaste mucho mas de lo puedo expresar. Solo me consta decirte que la magia entre los dos se queda guardada en este libro, las estrellas son testigo y quien mejor que la luna para ser nuestro confidente. Contigo todo, más si es de tu mano.

Josie,

A ti te debo tanto y tengo tanto que agradecer que no creo me de espacio. Eres todo para mi, también para Luna. Jamás imaginé tener la suerte de tener una compañera de vida, consejera, madrina y hermana. Siento tranquilidad en mi corazón al decirte que si me pasará algo, confío plenamente que cuidarás de Luna y la amarás como si fuese tuya. Eres mi persona. Le pido todo los días al universo que nos regale muchos años más para seguir creciendo juntas.

A las mujeres,

Todo lo pueden. La fuerza la llevan dentro. Nunca se pongan limite alguno, pues los impedimentos solo están en su cabeza. No permitan que nadie apague su luz, pues son ca- paces de iluminar el mundo de ser necesario. Quiéranse, respétense y abrácense siempre. Sus sentimientos son validos, no permitan que callen su voz.

Aquí una lista de mujeres importantes para mi, mujeres que me han dejado lecciones para toda la vida, mujeres a las cuales amo.

Frances . Glori . Neyshleemar . Tyara . Doris . Eileen . Deya . María . Nicole . Graciela . Yessmarie . Yeidelin . Lizbeth . Andrea . Ariana . Veranea . Susana . Virginia . Lemaris . Gury . Zurelys . Ávelin . Leida. Dagmar . Evangelista . Lía . Sana . Katerina .

Agradecimiento

Hemos llegado al final de esta travesía. No puedo despedirles sin antes agradecer a todo el que aportó a esta creación. Pues al final del día, aunque creo haberlo mencionado ya, somos un mosaico de vivencias, sentimientos, memorias y personas. Así que este libro es como el mosaicos, tiene un pedacito de muchas personas. Gracias Dios, Universo y Yemayá. Tyara, sin ti no estaría aquí, me salvaste. La distancia puede existir entre nosotras, pero al final del día nos tenemos siempre. Josie, si las amigas fuesen el amor de nuestras vidas, sin duda alguna tu lo serías; gracias por tantos años, amor, memorias y vida. A mis amigas por soportarme, apoyarme, escucharme y leer cada escrito cuando la inseguridad se apoderaba de mi. Papá, mamá por aprender a entenderme y amar mi alma alocada, por regalarme a mis hermanos; que amor tan incondicional el que me brindan. Julio, por ser el mejor papá para Luna y cuidar de ella para que yo pudiese emprender. María, Yessmarie y Armando, porque me han dado la lección mas bonita de todas, la unión familiar. A Emmanuel por el arte espectacular de este libro, por apoyar todas mis ideas repentina; al igual que Red Circle Media. Papi tu me has dado una gran lección, y es a no rendirme nunca. Glori, me has enseñado tanto. Eres mi roble, gracias por demostrarme tanto, cuando no nos une la sangre; nos une el corazón. Antoine de Saint-Exupéry" gracias por "El principito", marcó mi corazón y sin ese libro no existiera este. Don Nelson, agradezco haber sido "la luz de tus ojos" y tu muñeca, gracias a ti reconozco que soy magia. Maelo, Mae de mi corazón por ser parte de este libro, aceptar esta travesía y por tu increíble gusto en la música, me das vida y "a falta de saber expresar, envía una canción". Hector Joel, amor mío. Gracias por ser la calma en la tormenta, sin saberlo me devolviste, mi esencia. Has sido mi libertad, mi entendimiento, pasión, locura, este libro también es tuyo. Me ayudaste a encontrarme y a tener bien definido todo lo que quiero y por supuesto lo que no. A mi Luna en la tierra, gracias a ti soy quien soy, todo lo que hago es por ti y para ti. Por ti soy mejor persona. A mis seres de luz por guiarme y acompañarme siempre.

A ti que me lees, espero hayas disfrutado este viaje en mi planeta. Agradezco su apoyo y tiempo. Agradezco que le hayan dado vida a mis palabras con sus labios.

He aprendido a que siempre necesitamos un espacio en el cual podamos expresar nuestro sentir, así que aquí les regalo estas dos páginas en blanco. Les invito a que me permitan ser parte de ustedes y comiencen su propia autobiografía, memorándum, aventura o declaratoria amorosa, de paso añadan algo que anhelen con todas sus fuerzas y corazón, decrétenlo y suelten al universo...

No olviden compartir sus escritos conmigo y tanguearme en Instagram.

@perdiendolacorduraenmiplaneta

#perdiendolacorduraconlei

Me encanta leerles, siempre.

Con amor,

Lei.